中國學術思想 研究輯刊

十 編

林 慶 彰 主編

第 11 冊

《列子》「命」概念及其相關問題研究

謝 如 柏 著

花木蘭文化出版社

國家圖書館出版品預行編目資料

《列子》「命」概念及其相關問題研究／謝如柏 著 — 初版 —
台北縣永和市：花木蘭文化出版社，2010〔民99〕
目 2+154 面；19×26 公分
（中國學術思想研究輯刊 十編：第 11 冊）
ISBN：978-986-254-340-5（精裝）
1. 列子　2. 研究考訂
121.337　　　　　　　　　　　　　　　　　99016451

ISBN - 978-986-2543-40-5

9 789862 543405

中國學術思想研究輯刊
十 編 第十一冊　　　　　　　　ISBN：978-986-254-340-5

《列子》「命」概念及其相關問題研究

作　　者　謝如柏
主　　編　林慶彰
總 編 輯　杜潔祥
出　　版　花木蘭文化出版社
發 行 所　花木蘭文化出版社
發 行 人　高小娟
聯絡地址　台北縣永和市中正路五九五號七樓之三
　　　　　電話：02-2923-1455／傳真：02-2923-1452
網　　址　http://www.huamulan.tw 信箱 sut81518@ms59.hinet.net
印　　刷　普羅文化出版廣告事業
封面設計　劉開工作室
初　　版　2010 年 9 月
定　　價　十編 40 冊（精裝）新台幣 62,000 元

《列子》「命」概念及其相關問題研究

謝如柏　著

作者簡介

謝如柏，1973 年生，台灣大學中國文學系博士，現為暨南國際大學中國語文學系助理教授。主要研究領域為六朝佛教思想、魏晉玄學、道家思想。著作有《從神不滅論到佛性論 六朝佛教主體思想研究》、《《列子》「命」概念及其相關問題研究》，以及〈梁武帝「立神明成佛義記」形神之牧熔祥祥 P 向佛性思想的轉向〉、〈從涅槃經、眾生正因說到沈約的神不滅思想 南朝佛性學說與形神理論關係之考察〉、〈目的與工具之辨楊朱思想的論證基礎與根本關懷〉等論文。

提　　要

　　本書以命定論與自由意志之間二義乖背的問題為切入點，運用語言分析哲學的方法，針對《列子》書之命概念及其相關問題進行分析與闡釋。在形上學部分，本書確立了「自生自化說」的目的論式解釋，指出《列子》其實肯定存在物之間具有因果關係的聯繫，並對「不生不化者」作為一切存在之根源的理論意義給予釐清。在「命」概念部分，則澄清了學界一向認定《列子》屬於「命定論」或「宿命論」的誤解，指出「命」必須在自生自化的目的論式解釋下才能得到理解，命只是「一切自然而然，沒什麼目的可言，不知為何會如此的現象」，從而消解了命定與自由如何並立的困難。在面對「命」的態度方面，則澄清了學界普遍認為〈楊朱〉篇鼓吹縱慾享樂的看法，指出《列子》所追求的乃是超越生死之自然限制以及人類建構之社會限制的精神自由。這事實上是面對無可理解又無力改變的現實世界時，試圖超越的努力。

　　本書是作者 1999 年完成之碩士論文，由林麗真教授指導。

目

次

第一章　緒　論 …………………………………………… 1
　第一節　本文的研究目的與研究範圍 ………………… 1
　第二節　列子其人其書的定位問題 …………………… 7
　　一、列子其人之定位問題 …………………………… 7
　　　（一）是否真有列子其人 ……………………………… 7
　　　（二）列子生存年代之問題 …………………………… 9
　　二、《列子》其書之定位問題 ………………………… 12
　　　（一）歷來對《列子》真偽問題之爭議 …… 13
　　　（二）對《列子》辨偽問題之反思 ………… 25
　　　（三）對《列子》其書之定位 ……………… 31
　　第三節　《列子》思想研究方法之限制與問題 …… 32
第二章　自生自化說之內涵 ──《列子》形上學
　　　　思想之型態 …………………………………… 37
　第一節　「不生不化者」和「自生自化」的矛盾 … 38
　第二節　「不生不化者」概念之初步分析：《列子》
　　　　存有論思想中「存在」之區分 ……………… 41
　第三節　《列子》「道」概念與形上學思想之關係 · 50
　第四節　「自生自化」概念之初步分析：個別存在
　　　　之特殊規定性的解釋理論 …………………… 53
　　一、「自生自化」的主體 …………………………… 56
　　二、機械論式與目的論式的解釋方式 …………… 58

第五節 「不生不化者」與「自生自化」問題初步
　　　　解決之可能 …………………………………… 62
第六節 因果關係:《列子》的宇宙理論 …………… 63
　　一、「太易、太初、太始、太素」理論之性質
　　　　與內涵 ………………………………………… 64
　　二、時間無限與永恆運動 ……………………… 66
　　三、空間無限與天地之結構 …………………… 69
　　四、物類變化與人之結構 ……………………… 72
第七節 小結:「不生不化者」與「自生自化」問
　　　　題之解決方案 ……………………………… 75
第三章 《列子》「命」概念之意涵 ………………… 79
第一節 「命定論」與「宿命論」之意涵 ………… 79
第二節 「不得不」與「必然」 …………………… 86
第三節 「自生自化」之說與《列子》「命」概念
　　　　的解釋方向 ……………………………………… 94
第四節 「命」概念意涵之分析 …………………… 98
　　一、「命」與「自生自化」、「現象」或「規定
　　　　性」之關係 …………………………………… 98
　　二、「命」概念的意涵:「二義乖背」問題之解
　　　　決 ………………………………………………… 105
第五節 限制與超越:面對「命」之態度與方法 · 107
第四章 〈楊朱〉篇思想之內涵──對「命」的
　　　　超越與反抗 ………………………………… 113
第一節 自然生命的限制:〈楊朱〉篇的「生死意
　　　　識」及其與〈力命〉篇的關係 …………… 114
第二節 「享樂主義」思想的意義與內涵 ………… 122
　　一、從「理無不死」到「且趣當生」:對社會
　　　　限制的超越與反抗 ………………………… 122
　　二、追求精神愉悅與自由的「享樂主義」 … 127
第三節 「為我主義」思想及「名實」問題 ……… 132
第四節 小 結 ……………………………………… 141
第五章 結 論 ……………………………………… 143
參考書目 …………………………………………… 151

第一章 緒 論

第一節 本文的研究目的與研究範圍

　　長久以來，學界對《列子》一書的重視程度一直不如《老》、《莊》。對《列子》思想的研究成果，不論就質或量而言，都遠遠地不如對《老》、《莊》思想研究之豐富與深入。這或許是因爲它的思想內蘊本就不如《老》、《莊》思想高深玄奧；但《列子》本身眞僞問題的爭議性卻也是它之所以不受重視的重要原因。近代以來，許多學者主張《列子》是一部魏晉人所作的僞書。就因爲長期被冠以「僞書」之名，使得《列子》本身的學術價值往往被人所忽略。另一方面，因爲《列子》的眞僞問題未能釐清，其成書年代又難以確定，所以研究者也很難將它放置在特定的時代背景中，並在思想史的脈絡之下來理解與評價它。在這些因素的限制之下，《列子》思想的研究工作自然並不順利。觀察當代學者研究《列子》的成果，可以發現多數學者仍然將注意力集中在辨僞考據上；雖然也有不少研究《列子》思想的作品，但大多也只是對《列子》書中「形上學」、「生死觀」、「人生觀」等等課題作概要性的論述而已，對於其中的細部問題較少有深入的討論。另外，由學者們關注的課題來看，多數對《列子》思想的研究都集中在以〈天瑞〉篇爲主的形上學思想、以〈力命〉篇爲主的命定論、以〈楊朱〉篇爲主的人生觀、以及以〈周穆王〉篇爲主的夢覺關係之上；對於內容以神話寓言居多，而意旨較不統一的〈湯問〉、〈說符〉兩篇，以及討論體道修養工夫的〈黃帝〉、〈仲尼〉兩篇，便少有涉及。這些現象顯示，對於《列子》思想的研究工作確實仍有進一步深化及擴大的空間與可能性。

　　〈力命〉和〈楊朱〉兩篇之所以廣受學者青睞，是因為這兩篇的思想內涵確實具有相當的獨特性。然而，關於這兩篇的思想，卻有一個古老的問題至今一直未能得到解決，其意義與重要性也未能被正確地認識。這便是〈力命〉、〈楊朱〉兩篇「二義乖背」的問題。最早提出這個問題的是劉向，他指出：

> 列子者，鄭人也，與鄭繆公同時，蓋有道者也。其學本於黃帝老子，號曰道家。道家者，秉要執本，清虛無為，及其治身接物，務崇不競，合於六經。而〈穆王〉、〈湯問〉二篇，迂誕恢詭，非君子之言也。至於〈力命〉篇，一推分命，楊子之篇，唯貴放逸，二義乖背，不似一家之書。〔註1〕

這個說法見於今本《列子》書後所附的劉向《列子新書目錄》。就算此向《敘》出於偽作，至少它也是和今本《列子》約略同時誕生的作品；可見這個疑問很早就被提出來了。劉向認為「〈力命〉篇，一推分命，楊子之篇，唯貴放逸」，這其中有「二義乖背」的現象存在；他甚至懷疑這兩篇「不似一家之書」。這個說法後來成為《列子》辨偽考據上的一個重要課題。然而，從思想研究的角度，我們所關心的是〈力命〉、〈楊朱〉兩篇是否真的在思想上相互矛盾。今本《列子》的〈力命〉篇談的確實是「命」的問題，而〈楊朱〉篇也是以「享樂主義」思想為主，這和向《敘》的描述相同。那麼，〈力命〉篇的「命」之思想是否真的和〈楊朱〉篇的「享樂主義」相衝突？如何衝突？

　　問題已經被提出來了。最早替《列子》作注解工作的張湛，也注意到了這個現象。他在〈力命〉篇的《注》中指出：

> 此篇言萬物皆有命，則智力無施；楊朱篇言人皆肆情，則制不由命；義例不一，似相違反。然治亂推移，愛惡相攻，情偽萬端，故要時競，其弊孰知所以？是以聖人兩存而不辯。……故列子叩其兩端，使萬物自求其中。苟得其中，則智動者不以權力亂其素分，矜名者不以矯抑虧其形生。發言之旨其在於斯。嗚呼！覽者可不察哉！〔註2〕

這是用分析《列子》立說的動機或用意的方式來解決這個「二義乖背」的問題。他認為《列子》的作者是基於某種特殊目的而刻意使〈力命〉、〈楊朱〉

〔註1〕劉向《列子新書目錄》；見楊伯峻：《列子集釋》（北京，中華書局，1996年），頁277～278。

〔註2〕張湛《列子注》；見楊伯峻：《列子集釋》（同1），頁193～194。

這兩種思想「兩存而不辯」的。其後的注家也多採取同樣的解釋方式，如范致虛也認爲這是一種「兩存而不廢」的立言方式。〔註3〕然而，這種方式事實上並沒有解決問題。〈力命〉與〈楊朱〉兩篇的思想是否相互矛盾，與《列子》立說的動機如何無關；不同的主張也可能出於相同的動機。而且，如果《列子》眞是刻意使這兩篇的思想「兩存而不辯」，這豈不反而說明了〈力命〉與〈楊朱〉的思想之間的確存在著矛盾？

　　當代學者並沒有特別注意這個問題；嚴北溟、嚴捷指出：「今人則多因爲『既然〈力命篇〉和〈楊朱篇〉是玄學清談和放蕩縱欲的曲折反映，而並沒有什麼「二義乖背」』，便對兩篇關係未加深辨。」〔註4〕用「玄學清談和放蕩縱欲的曲折反映」來說明〈力命〉與〈楊朱〉兩篇的「二義乖背」，這種做法其實和張湛他們訴諸於立說動機的方法並無不同。是否是玄學清談和放蕩縱欲的曲折反映，和這兩篇的思想是否相互矛盾根本是兩回事；同樣的社會與歷史背景，並不能保證必然會造就出完全一致的思想。嚴北溟、嚴捷看到了這一點，也試圖經由對〈力命〉、〈楊朱〉兩篇思想本身的探索來解決「二義乖背」的問題。他們認爲〈楊朱〉篇最後要求人各安其性，「制命在內」，事實上又回到命定論的範圍。這就說明了在〈力命〉、〈楊朱〉之間並無不可跨越的鴻溝。〔註5〕然而，用「制命在內」來解釋「命定論」或「宿命論」，其實是和他們自己的字詞用法不合的。由他們的解釋來看，也並沒有眞正解決〈力命〉與〈楊朱〉「二義乖背」的問題。

　　問題的關鍵在於，所謂「二義乖背」問題的眞正意涵是什麼？有何重要性？其實張湛《注》對這個問題的性質已經掌握得很清楚了，他很明白地說「此篇言萬物皆有命，則智力無施；楊朱篇言人皆肆情，則制不由命；義例不一，似相違反」。也就是說，根據〈力命〉篇，一切都是「命」，人沒有任何的自由；但是根據〈楊朱〉篇的說法，人可以自由地縱欲享樂，人是自由的，並不受「命」的制約。然則所謂的「二義乖背」，其實也就是「命定論」（determinism）與「自由意志」（free will）之爭。幾乎所有當代學者都認爲〈力命〉篇中所提出來的「命」之概念，是一種「命定論」或「宿命論」

〔註3〕范致虛《解》：見蕭登福：《列子古注今譯》（臺北，文津出版社，民國79年），頁601。

〔註4〕嚴北溟、嚴捷：《列子譯注》（臺北，書林出版有限公司，民國84年），〈前言〉，頁20〜21，正文頁174。

〔註5〕同4。

（fatalism）。根據這種理論，一切過去、現在、未來所有已發生或未發生的事件，都是必然會如此發生的，它們不發生是不可能的；而人的一切思想、行爲也如同其他事件一樣，都是必然而不可改變的。因爲一切都必然會如此發生，因此對我們而言這些事件也可以說都是預先被決定好的。如果，我的一切思想與行爲都是必然而預先被決定好的，則我如何可能有「自由」呢？我也許會從事於某種行爲或某種思考，但是根據「命定論」或「宿命論」，這些並不是眞的由我自主決定的，它們只是早就被預定好要必然發生的事實。用傳統的說法來講，一切都是命中注定。既然一切都是命，其實人便沒有「自由」。然而，根據一般說法，〈楊朱〉篇認爲人們「應該」過著縱慾享樂的生活。任何「應然」的實踐法則都必須以「自由」爲前提；只有在人有選擇的自由時，主張人「應該」如何選擇才有意義。如果人沒有尋歡享樂的自由，〈楊朱〉篇如何能主張人「應該」尋歡享樂？如果一個人的一切思想與行爲都是預先決定好的，他是否尋歡享樂自然有其定數，又何必〈楊朱〉篇來操心？顯然〈楊朱〉篇是站在人擁有自由這一基本立場來鼓吹享樂主義的。因此，〈力命〉與〈楊朱〉在此便有了衝突。

　　如上所示，〈力命〉與〈楊朱〉之間的「二義乖背」問題，事實上主要就是「命定論」與「自由意志」之爭的問題；然而，「命定論」與「自由意志」之爭的困難卻不只是存在於〈力命〉和〈楊朱〉兩篇之間而已。如前面所說，《列子》書中，〈天瑞〉和〈周穆王〉以討論形上學思想和夢覺問題爲主，〈黃帝〉和〈仲尼〉主要談的是體道和工夫，〈湯問〉和〈說符〉雖然主題較不明顯，但是也談到了認識論與人生態度的問題。《列子》既然宣說這些道理，顯然是認爲人們應該學習它們。但是如果人是沒有自由的，如果一個人能否認識、體悟、進而實踐《列子》書中所載的這些道理，都是被預先決定好的，則《列子》書中這些篇章寫來有何意義？正是因爲肯定人有自由，可以努力體道悟道，《列子》的作者才會著書宣揚這些道理；因此，人有「自由」也是這些篇章所必須預設的立場。如果，我們能夠將「二義乖背」問題直接理解成「命定論」與「自由意志」之爭的問題；則我們也可以說「二義乖背」問題也存在於〈力命〉篇與其他篇章之間。

　　進一步來看，這種「二義乖背」的現象事實上也並不只是〈力命〉篇與其他篇章之間的矛盾而已。一方面，《列子》對「命」概念的相關敘述並不是只出現在〈力命〉篇而已，在〈天瑞〉、〈黃帝〉、〈仲尼〉、〈湯問〉、〈楊朱〉

等篇中都有和〈力命〉篇相關甚至完全相同的說法。另一方面，即使就〈力命〉篇本身而言，它也宣說關於「命」的道理，這豈不是說它認爲人「應該」認識「命」之理論？〈力命〉篇提出一些關於人應該如何面對「命」的說法，這豈不是認爲人可以自由選擇如何面對「命」？這就表示，「命定論」與「自由意志」之間「二義乖背」的問題並不只是一種局部理論上的不一致，或是篇章之間的差異而已，這是整部《列子》思想系統是否自相矛盾的重要問題。如果，在《列子》書中確實同時存在著主張「命定論」以及肯定「自由意志」的想法，則《列子》的思想便有根本上的矛盾。

關於「命定論」與「自由意志」之間的「二義乖背」問題，根本上仍然屬於「命」思想的範疇。解鈴還需繫鈴人，只有對《列子》「命」之概念進行探究，才能解決此一問題。而這也正是本文的寫作目的。如果，探究的結果證實《列子》思想確實有「二義乖背」的情形，則可以確定它的思想系統存在著結構性的矛盾。相反地，如果能夠證實《列子》思想並無「二義乖背」的問題，則這也將會對《列子》書中「命定論」或「自由意志」思想的內涵帶來不同的理解方式。我們所要討論的課題如下：

首先，探討《列子》的「命」概念的內涵雖是我們的主要工作，但是「命定論」與「自由意志」之爭，傳統上即屬於形上學問題的範圍；另一方面，由《列子》的行文來看，「自生自化」的概念顯然與「命」有著極深厚的關係，甚至可以說「自生自化」是整個「命」理論的基礎，而「自生自化」正是《列子》形上學思想中的一個重要概念。因此，作爲探討「命」概念的基礎，對《列子》的形上學思想進行一番討論是必要的。我們關注的焦點在於「自生自化」，然而我們發現「不生不化者」與「自生自化」之間的矛盾也是《列子》形上學思想解釋上的最大難題，對此問題的不同解釋將影響我們對《列子》形上學系統的整體認識。爲此，我們必須分析「不生不化者」與「自生自化」這兩者的內涵與它們之間的關係；而爲了確認各種可能解釋之間的優劣，我們還必須涉及《列子》對於宇宙的演化與結構、時間、空間、運動、物類變化以及人的結構等等問題的意見。這些課題涉及了〈天瑞〉、〈周穆王〉、〈仲尼〉、〈湯問〉、〈力命〉、〈說符〉等篇的材料。最後，我們不但確定「自生自化」的「目的論式」解釋方式，也對《列子》的形上學思想系統有了一套新的解釋。

其次，是本文的主要工作——對《列子》「命」概念內涵的探討。正如

前面所說，《列子》對「命」概念的論述雖然集中在〈力命〉篇，但在〈天瑞〉、〈黃帝〉、〈仲尼〉、〈湯問〉、〈楊朱〉等篇中也有少量的資料與此相關。幾乎所有的學者都認爲《列子》的「命」思想是一種「命定論」或「宿命論」，爲了對此展開討論，必須先對「命定論」或「宿命論」的意涵作一清楚的界定，並分析學者們的看法。其次，《列子》書中有許多關於「不得不」的說法，我們將檢視這些說法是否能證明《列子》認爲「一切事件都是必然的」。另外，也必須考慮我們對於「自生自化」的目的論式解釋，是否能支持「一切事件都是必然的」之主張，還是根本會對「命」概念的解釋帶來不同的方向。接著我們將探討「命」概念與「自生自化」及「現象」三者之間的關係，並藉由此一過程來推論出《列子》「命」概念的眞正意涵，以解決「命定論」與「自由意志」的「二義乖背」問題。經以上討論，筆者的結論是，《列子》並不主張「命定論」或「宿命論」，「自由」在《列子》的「命」概念中是可能的。在此認知之下，我們便可以討論〈力命〉篇所提出的面對「命」的方法的意義與內涵。

最後，我們將檢討〈力命〉篇這套面對「命」的態度與〈楊朱〉篇思想之間的關係。一方面，「二義乖背」問題的原始意涵便是指〈力命〉與〈楊朱〉之間思想上的矛盾現象而言。另一方面，因爲〈楊朱〉篇談的是人應該選擇何種生活態度的問題，這和〈力命〉篇所提出的面對「命」的方法，同樣是關於人應該如何運用「自由」的主張；因此，這也和《列子》整個「命」思想有關。我們發現，〈楊朱〉篇在對死亡的看法，以及「享樂主義」、「爲我主義」、「名實」等問題方面，基本立場都和〈力命〉篇相同；甚至，如果我們以〈力命〉篇面對「命」的方法爲基礎來解釋〈楊朱〉篇思想，還可以幫助我們認識〈楊朱〉思想的內涵及立說的用意。這也就是說，我們可以將〈楊朱〉篇的思想視爲〈力命〉篇面對「命」的方法之延伸與補充。如果說《列子》整個「命」之思想可以區分成「命概念之理論」以及「面對命的態度」兩部分，而《列子》的形上學思想是「命概念之理論」的基礎，則〈楊朱〉篇的思想便是對「面對命的態度」這一部分的闡述和發揮。

以上這些便是我們要處理的問題。用「《列子》「命」概念及其相關問題研究」作爲本文的題目，是因爲這些問題以《列子》的「命」概念爲中心而彼此相關。事實上，在《列子》書中與「命」概念相關的當然不只這些問題。如前面所說，「命定論」與「自由意志」之間「二義乖背」的問題是《列子》

全書思想結構的問題；就此而言，「命」概念其實與《列子》全書各篇之間都有密切的關係。另一方面，藉由對《列子》整個「命」思想的探討，我們可以發現〈力命〉、〈楊朱〉兩篇面對命的態度之理論，在內涵上與〈黃帝〉、〈周穆王〉、〈仲尼〉、〈湯問〉、〈說符〉等篇中的工夫論、政治觀、夢覺關係、認識理論等思想都有關係，也許還可以提供這幾篇一些新的詮釋方向也不一定。然而，一方面這些工作必須以〈楊朱〉篇思想對「命」態度之闡發為前提，相對而言這些〈力命〉、〈楊朱〉以外的篇章與《列子》「命」概念這一主題關係較遠；一方面限於筆者的學力，要在此完成這些工作也有困難，因此我們對此也只能略為提及，以作為未來《列子》研究的可能方向。

第二節　列子其人其書的定位問題

關於今本《列子》的作者和成書年代，一直充滿著各種爭議。從唐代的柳宗元開始，歷代學者對此都有不同的意見。近代，雖然由於陳三立、馬敘倫、顧實、陳旦、梁啟超等人的辯證，使「《列子》是一部魏晉人所依託的偽書」這一主張隱然已成為學界通說；然而，武內義雄、岑仲勉、嚴靈峰等人仍力持《列子》非偽書的觀點與之抗衡。顯然在我們開始對《列子》進行思想分析之前，對此書的作者和年代做一定位是無可避免的。雖然不能直接從事考據的工作，但是仍有必要自眾說紛紜之中找出一個使思想研究得以開始的定位點。這些背景知識將有助於我們認識《列子》這部書的性質。另一方面，由於《列子》的情況特殊，其原書材料之性質自不能與其他子書等量齊觀，因而此書定位問題之結論，將在一定程度上決定或限制我們對這些材料的處理方式，甚至進而影響對其思想的研究方法。列子其人其書之定位問題，以及在此定位之下我們研究其思想時所應採取的方法，這些即是本節與下一節所要處理的問題。

一、列子其人之定位問題

（一）是否真有列子其人

據今本《列子》書後所附的劉向《列子新書目錄》說：「列子者，鄭人也，與鄭繆公同時。」〔註6〕《漢書‧藝文志》諸子略道家類也著錄有「列

〔註 6〕本文所用之《列子》版本為楊伯峻：《列子集釋》（同 1）。

子八篇」，班固自注云：「名圄寇，先莊子，莊子稱之。」據此，列子不但真有其人，而且時世可考。然而，宋人高似孫首先對其人之存在提出懷疑：

> ……然觀太史公《史》殊不傳列子，如莊周所載許由、務光之事。漢去古未遠也，許由、務光往往可稽，遷獨疑之；所謂禦寇之說，獨見於寓言耳，遷於此詎得不致疑耶？周之末篇敍墨翟、禽滑釐、慎到、田駢、關尹之徒以及於周，而禦寇獨不在其列，豈禦寇者，其亦所謂鴻蒙、列缺者歟？

清人姚際恆、近人陳文波等人也贊同此一看法。他們所提出的論據是：（1）、《史記》不為列子立傳，廣述先秦諸學派的《莊子・天下》亦未提及列子，同樣地，《荀子・非十二子》、《韓非子・顯學》、《淮南子・要略》也未提及列子；（2）、關於列子其人之記載，只見於寓言故事；因此列子大概只是個寓言人物。

然而，近代多數學者都認為大概列子是真有其人。嚴靈峰、莊萬壽、蕭登福等人指出，就上所述的論據（1）而言，並不能證明先秦時無列子其人的存在；先秦學術雖分家立派，但並非各家都能為世人所熟知；而且秦漢之際，對於先秦學術尚無統一的劃分方法，《史記》、《莊子》、《荀子》、《韓非子》、《淮南子》等書各有其論述角度，他們所提到的學派、代表人物不必完全一致。《史記》也未為楊朱、墨子設立專傳；《莊子・天下》也未提及孔、孟、楊朱、管、晏、商鞅；《荀子・非十二子》也未提到孫臏、公孫龍；《淮南子・要略》也未提到老子、孟子。然而我們卻不能因此斷定這些人通通不存在。因此，我們也不能因此就說列子其人不存在。

就（2）而言，他們指出，列子其人並非只出現在寓言故事中；列子除了出現在《莊子》的〈逍遙遊〉、〈應帝王〉、〈至樂〉、〈達生〉、〈田子方〉、〈讓王〉、〈列禦寇〉等諸篇之外，又見於《韓非子・喻老》、《尸子・廣澤》、《呂氏春秋》〈不二〉、〈審己〉、〈觀世〉，及《戰國策・韓策二》的〈史疾使楚〉。其中，《呂氏春秋・不二》提到：「老聃貴柔，孔子貴仁，墨翟貴廉（兼），關尹貴清，子列子貴虛，陳駢貴齊，陽生貴己，孫臏貴勢，王廖貴先，兒良貴後，此十人者，皆天下之豪士也。」此處列子以外的人物皆真有其人，何獨列子不然。又，《尸子・廣澤》也說：「墨子貴兼，孟子貴公，皇子貴衷，田子貴均，列子貴虛，料子貴別囿。」其「列子貴虛」的說法和《呂覽》相同，也符合今本《列子・天瑞》的說法。由這些記載來看，列子應是實際存

在的人物。〔註7〕

權衡雙方論點，筆者認為，似乎支持列子眞有其人的論據較有說服力。

（二）列子生存年代之問題

據劉向《列子新書目錄》稱：「列子者，鄭人也，與鄭繆公同時。」唐代的柳宗元首先對此提出疑問：

> 劉向古稱博極群書，然其錄《列子》，獨曰鄭繆公時人。繆公在孔子前幾百歲，《列子》書言鄭國皆云子產鄧析，不知向何以言之如此？《史記》鄭繻公二十四年……鄭殺其相駟子陽，子陽正與列子同時，是歲……魯繆公十年，不知向言魯繆公時遂誤爲鄭耶？不然，何乖錯至如是？

雖然事實上鄭繆公之薨（606B.C.）距離孔子之生（551B.C.）並無「幾百歲」之久，且鄭殺其相子陽事實際上是在鄭繻公 25 年（398B.C.），然而他所提出的疑問仍然是有效的。劉向《列子新書目錄》稱列子爲鄭繆公時人；但是根據《列子》本書〈天瑞〉、〈黃帝〉、〈仲尼〉、〈說符〉諸篇，及《莊子》〈應帝王〉、〈田子方〉、〈列禦寇〉諸篇的說法，列子「師壺丘子林，友伯昏瞀人（或伯昏無人）」；而據《莊子·德充符》和《呂氏春秋·下賢》，子產也和壺丘子林及伯昏無人同時。也就是說，列子應該和子產、孔子約略同時，但是鄭繆公的時代顯然距離子產、孔子甚久。於是此處便有時代乖錯的問題待解決。

另外，《莊子·讓王》和《列子·說符》、《呂氏春秋·觀世》皆載有「子列子窮，容貌有飢色。客有言之於鄭子陽者……鄭子陽即令官遺之粟。子列子見使者，再拜而辭……其卒，民果作難而殺子陽」這一故事，柳宗元認爲應以此事爲判定列子年代的基準，子陽被殺（398B.C.）在鄭繻公 —— 魯繆

〔註7〕以上所引諸說，主張無列子其人的，見於：1.高似孫：《子略》；2.姚際恆：《古今僞書考》；3.陳文波：〈僞造「列子」者之一證〉（以上見於楊伯峻：《列子集釋》〔北京，中華書局，1996 年〕附錄三〈辨僞文字輯略〉）；主張列子爲實存人物的，見於：4.嚴靈峰：《列子辯證及其中心思想》（臺北，文史哲出版社，民國 83 年），〈自序〉頁 4～5；5.莊萬壽：《新譯列子讀本》（臺北，三民書局，民國 85 年），頁 1～2；6. 莊萬壽：〈先秦的列子〉，《學粹》16 卷 1 期，（民國 63 年 3 月），頁 8～11；7.蕭登福：《列子探微》（臺北，文津出版社，民國 79 年），頁 1～4；8.任繼愈主編：《中國哲學發展史（魏晉南北朝）》（北京，人民出版社，1988 年），頁 262～263。

公時期，因此他推測很可能是劉向將「魯繆公」誤爲「鄭繆公」了。宋人葉大慶也認同此一基準，不過他認爲此「鄭繆公」應當是「鄭繻公」之誤。清人姚際恆則對柳宗元之說提出質疑：劉向明白地說列子是鄭人，因此下文沒有錯成魯繆公的理由。他並因此質疑是否眞有列子其人。這個問題後來成爲質疑劉向《敘錄》眞僞之論據之一。

柳宗元 —— 葉大慶的說法雖然能解決此一時代乖錯的問題，但是，子陽被殺事在 398B.C.，距子產卒（496B.C.）有 98 年，距孔子卒（479B.C.）有 81 年，就算以鄭繻公即位之年（423B.C.）來算，上距孔子卒也有 56 年之久。這無疑是另一個「時代乖錯」的問題。蕭登福指出，若從劉向說以列子爲鄭繆公時人，則列子當年長於子產、孔子七、八十歲，甚或大於老子，和《列子·說符》所稱列子問道於關尹之事相違；反之，若依柳、葉之說以列子爲鄭繻公時人，則在繻公時列子年歲亦應已九十餘，方能與子產、孔子年世相及。馬敘倫則提出了不同的說法，他認爲《莊子·讓王》可能是僞作，不可信；應以《莊子》、《列子》所載列子與子產、孔子約略同時之事實爲考定年代的基準，認爲子陽當作子駟，因駟子陽而誤；而子駟正與子產同時。據《左傳》子駟死於 563B.C.。但，馬達認爲子駟是死於鄭國上層統治者的爭權鬥爭中，和《莊子》等記載「其卒，民果作難而殺子陽」不符，亦不合《韓非子·說疑》所說「鄭子陽身殺，國分爲三」之事，因此子駟決不是子陽。

現將與列子相關人物之年代列表如下：

列子相關人物年代表

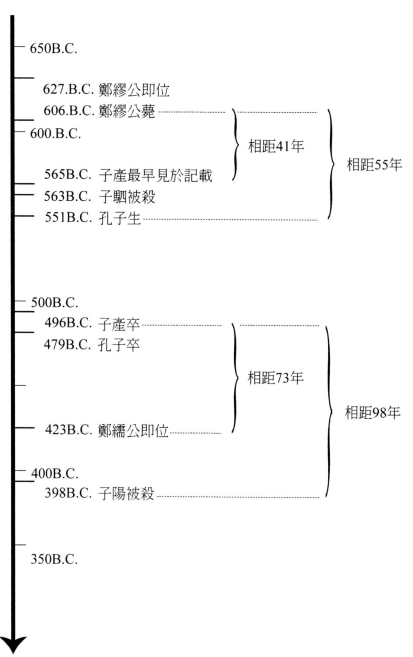

另外，莊萬壽引用蔣伯潛的說法，認為今本《列子》和《莊子》裏面出現的人物和情節，大牛都是虛構的寓言；因此，其中對列子的記載，自然不能被視為有效的史實，也不能因之以考證列子的年代。因此，其生存年代不能確定。〔註8〕

筆者認為，以上關於列子年代的諸說皆有可被質疑之處，在缺乏積極證據的情況之下，或許該對此問題暫持保留態度。

二、《列子》其書之定位問題

《列子》其書的問題則複雜得多。《漢書・藝文志》諸子略道家類著錄有「列子八篇」，然而今本《列子》乃是東晉張湛之傳本。書後有劉向《列子新書目錄》（或稱《列子書錄》、《列子敘錄》）一文，如下：

> 劉向　《列子新書目錄》
>
> 天瑞第一　　黃帝第二　　周穆王第三　　　仲尼第四一曰極智
>
> 湯問第五　　力命第六　　楊朱第七一曰達生　說符第八
>
> 右新書定著八章。護左都水使者光祿大夫臣向言：所校中書《列子》五篇，臣向謹與長社尉臣參校讎太常書三篇，太史書四篇，臣向書六篇，臣參書二篇，內外書凡二十篇，以校除復重十二篇，定著八篇。中書多，外書少。章亂布在諸篇中。或字誤，以盡為進，以賢為形，如此者眾。及在新書有棧。校讎從中書已定，皆以殺青，書可繕寫。列子者，鄭人也，與鄭繆公同時，蓋有道者也。其學本於黃帝老子，號曰道家。道家者，秉要執本，清虛無為，及其治身接物，務崇不競，合於六經。而〈穆王〉、〈湯問〉二篇，迂誕恢詭，非君子之言也。至於〈力命〉篇，一推分命，楊子之篇，唯貴放逸，二義乖背，不似一家之書。然各有所明，亦有可觀者。孝景皇帝時貴黃老術，此書頗行

〔註8〕以上所引諸說，見於：1.柳宗元：〈辨列子〉；2.葉大慶：《考古質疑》；3.姚際恆：《古今偽書考》；4.馬敘倫：〈列子偽書考〉（以上見於楊伯峻：《列子集釋》〔北京，中華書局，1996年〕附錄三〈辨偽文字輯略〉）；5.嚴靈峰：〈「列子章句新編」解惑〉（收《列子辯証及其中心思想》〔臺北，文史哲出版社，民國83年〕附錄四，頁282～284）；6.蕭登福：《列子探微》（臺北，文津出版社，民國79年），頁5～8；7.馬達：〈劉向《列子敘錄》非偽作——馬敘倫《列子偽書考》匡正之一〉，《大陸雜誌》第94卷第4期（民國86年4月），頁14；8.莊萬壽：《新譯列子讀本》（臺北，三民書局，民國85年），頁2～5。

於世。及後遺落，散在民間，未有傳者。且多寓言，與莊周相類，故
太史公司馬遷不爲列傳。謹第錄。臣向昧死上。護左都水使者光祿大
夫臣向所校《列子書錄》。永始三年八月壬寅上。

此文敘述劉向校讎《列子》之工作內容，並簡要地說明了此書之學術源流、
來歷及特色。由向《敘》來看，此《列子新書》八篇是劉向由先前的材料編
輯而成，恐已不全是《列子》原書之面貌。經西晉永嘉之亂，此書又散亡大
半。張湛的《列子序》說：

湛聞之先父曰：吾先君與劉正輿、傅穎根，皆王氏之甥也，並少游外
家。舅始周，始周從兄正宗、輔嗣皆好集文籍，先并得仲宣家書，幾
將萬卷。傅氏亦世爲學門，三君總角，競錄奇書。及長，遭永嘉之亂，
與穎根同避難南行，車重各稱力，竝有所載。而寇虜彌盛，前途尚遠。
張謂傅曰：「今將不能盡全所載，且共料簡世所希有者，各各保錄，
令無遺棄。」穎根於是唯齎其祖玄、父咸《子集》。先君所錄書中有
《列子》八篇。及至江南，僅有存者。《列子》唯餘〈楊朱〉、〈說符〉、
〈目錄〉三卷。比亂，正輿爲揚州刺州，先來過江，復在其家得四卷。
尋從輔嗣女壻趙季子家得六卷。參校有無，始得全備。

其書大略明群有以至虛爲宗，萬品以終滅爲驗；神惠以凝寂常全，
想念以著物自喪；生覺與化夢等情，巨細不限一域；窮達無假智力，
治身貴於肆任；順性則所之皆適，水火可蹈；忘懷則無幽不照。此
其旨也。然所明往往與佛經相參，大歸同於老莊。屬辭引類特與莊
子相似。《莊子》、《慎到》、《韓非》、《尸子》、《淮南子》、《玄示》、《旨
歸》多稱其言，遂注之云爾。

這說明了今本《列子》如何由戰火之中存留下來；然而，它既然是「參
校有無，始得全備」，恐怕亦非劉向校時之面貌。劉向《敘錄》和張湛《注》
的說法，可說是今本《列子》來歷之傳統說明。

（一）歷來對《列子》真偽問題之爭議

自柳宗元開始，歷代學者逐漸對《列子》其書產生質疑。一開始，他們
只是認爲《列子》中有些部分非列子本人自作，乃是後人所增竄；到了清代，
開始有人認爲《列子》根本是魏晉人所僞託的「僞書」。近代，在陳三立、馬
敘倫、顧實、陳旦、梁啓超等人的辯證下，《列子》僞書說隱然成爲學界主流

觀點；然而同時武內義雄、岑仲勉、嚴靈峰仍堅持《列子》非僞書。近年來，在陳鼓應、許抗生、胡家聰、陳廣忠等人的努力之下，似乎又吹起了一陣爲《列子》「辨誣」的風潮。我們可以用「辨僞派」、「辨誣派」來分別稱呼這些持有不同意見的學者。

我們不能一一涉及「辨僞」、「辨誣」雙方論爭的細節；而且，同爲辨僞或辨誣陣營的學者，在個別問題上其立場往往也南轅北轍，各不相同。在此我們只能略述在其主要爭議中雙方的意見，目的在於了解雙方的爭議與論證的性質。至於像劉向《敘錄》之眞僞及張湛是否僞作《列子》之類的相關問題，只能暫不考慮。

1. 今本《列子》之來歷與流傳之問題：

何治運、梁啓超、馬敘倫等人指出：晉世玄言極暢，《列子》應當求之不難，若《列子》是眞書，何以西晉人都不知有此書？梁啓超、呂思勉等人亦認爲：據張湛《序》，此《列子》由數本雜湊而成，而輾轉皆不離王氏，來歷曖昧不明，極可疑。對此，(1)、武內義雄認爲：若相信向《敘》和張《序》，則此現象不足疑怪。(2)、岑仲勉認爲：就《論語》來說，歷朝尊孔，而《齊》、《魯》、《古論》仍然亡失，遑論《列子》；正因難得，故孤本存於王氏。(3)、嚴靈峰和莊萬壽指出：證諸《後漢書‧蔡邕傳》、《三國志‧魏書‧王粲傳》等等史籍，由蔡邕至王氏家族，最後到張家此一傳書源流是十分合情理的，並無來歷曖昧不明之嫌。

2. 《列子》中載有列子身後之人、事之問題：

自柳宗元始，學者即已注意到《列子》書中記載有許多發生於列子身後之人、事，例如：〈黃帝〉載宋康王事，〈仲尼〉載魏牟、孔穿、公孫龍事，〈湯問〉載伯牙、鍾子期事；這顯然不能出於列子本人之手。原本他們只以「後人增竄」來解釋此一現象；而馬敘倫則認爲：此正是《列子》僞作之證據，「由作僞者既誣列子爲六國時人，故一切六國時事，輒附之而不疑耳」。對此，(1)、岑仲勉、武內義雄認爲：諸子之書，往往非本人自撰，而由習其學者所纂錄，故此不足爲奇；若不認爲此爲列子自作，則無問題。(2)、蕭登福指出：此可能是後人增入，最多只能說非原書所有，不能以此證明全書之僞。

3. 《列子》與「佛」之關係：

自張湛《列子序》稱《列子》「所明往往與佛經相參」，《列子》與佛之關

係一直爲學者所注意，若《列子》眞的抄襲佛經、佛說，則它顯然爲晚出之
書。辨僞派認爲《列子》在以下幾處了抄襲佛經、佛說：

（1）〈天瑞〉：「死之與生，一往一反。故死於是者，安知不生於彼？」
錢大昕認爲這是佛家取《列子》之說；陳三立、辛冠潔、陳連慶等人則認爲
這是《列子》剽掠佛家「生死輪迴」之說。對此，嚴靈峰、莊萬壽、許抗生
等則指出：生死循環之說，《莊子》亦有，此是道家的循環論，不同於佛家的
輪迴之說。

（2）〈仲尼〉：「西方之人有聖者焉，不治而不亂，不言而自信，不化而
自行，蕩蕩乎民無能名焉。」洪邁、高似孫、姚際恆、何治運、陳三立、馬
敍倫、辛冠潔皆以爲此處「西方之人」乃指佛而言。對此，（1）、黃震、嚴靈
峰認爲此處說法只是寓言，並非指佛。（2）、岑仲勉、武內義雄、嚴靈峰、許
抗生、馬達等指出：由此處「不治而不亂，不言而自信，不化而自行」的說
法來看，其所指乃是一道家之理想人物，和佛無關。（3）、嚴靈峰指出：此
處對「西方之人」之描述和《論語》〈泰伯〉、〈衛靈公〉對堯、舜「無爲」之
說相同，可見不必指佛。（4）、顧詰剛、岑仲勉、嚴靈峰、馬達指出：上古本
有注重西方的歷史背景，如《詩經・邶風・簡兮》：「彼美人兮，西方之人兮」、
《莊子・讓王》：「吾聞西方有人」、《荀子・大略》：「禹學於西王國」皆可證。
因此「西方之人」未必指佛。

（3）〈天瑞〉：「精神入其門，骨骸反其根，我尚何存？」宋濂認爲這正
與佛家的「圓覺四大說」相合，朱熹則以爲是佛書剽掠《列子》，〔註9〕但陳
連慶以爲這是《列子》抄襲佛家「四大假合」之說。

（4）〈周穆王〉：「周穆王時，西極之國有化人來，入水火，貫金石；反
山川，移城邑；乘虛不墜，觸實不硋。千變萬化，不可窮極。既已變物之形，
又且易人之慮。」何治運、馬敍倫認爲此即指「佛」而言。但黃震、嚴靈峰
認爲此處所言只是神遊、說夢之類，和佛無關。陳連慶則指出此處之描寫近
似《牟子理惑論》和吳康僧會所譯之《六度集經》對佛之描述；而「化人」
一詞，首見於《大方便佛報恩經》。

〔註9〕 楊伯峻的《列子集釋》（北京，中華書局，1996 年）附錄三〈辨僞文字輯略〉
　　　　收有朱熹的〈觀列子偶書〉，其意以爲朱熹主張《列子》剽掠佛書，但其實朱
　　　　熹所說卻是佛書剽略《列子》；見胡昌五：〈朱熹認爲佛書剽掠《列子》──
　　　　《列子》"辨僞文字輯略"匡正之一〉，《大陸雜誌》第 90 卷第 5 期（民國 84
　　　　年 5 月），頁 12。

（5）〈湯問〉：「渤海之東不知幾億萬里，有大壑焉⋯⋯其中有五山焉：一曰岱輿，二曰員嶠，三曰方壺，四曰瀛洲，五曰蓬萊。其山高下周旋三萬里，其頂平處九萬里。山之中閒相去七萬里，以為鄰居焉。其上臺觀皆金玉，其上禽獸皆純縞。珠玕之樹皆叢生，華實皆有滋味；食之皆不老不死。所居之人皆仙聖之種；一日一夕飛相往來者，不可數焉。」馬敘倫和辛冠潔以為這種說法取自佛家之書；陳連慶指出：所謂「所居之人皆仙聖之種；一日一夕飛相往來者」即佛經所謂「飛天」之屬。對此，岑仲勉認為此處所說乃是神仙家言，嚴靈峰則認為，此種「仙聖」之說之性質類似《莊子》所說之「神人」、「至人」、「真人」之神話，和佛無關。

（6）〈楊朱〉：「實無名，名無實。名者，偽而已矣。」及「太古之人知生之暫來，知死之暫往，故從心而動，不違自然所好⋯⋯」、「萬物所異者生也，所同者死也⋯⋯」陳旦指出：這幾段文字係抄襲自《長阿含經》中第三分之《沙門果經》，東晉時有竺曇無蘭譯本，名曰《寂志果經》。對此，莊萬壽、許抗生認為：其內容或有與佛典相似之處，但文字並不相同，直譯之說嫌武斷；二者顯然不同，抄襲之說不能成立。

（7）〈湯問〉有「偃師木人」一章：「穆王驚視之，趣步俯仰，信人也⋯⋯千變萬化，惟意所適。王以為實人也，與盛姬內御並觀之。技將終，倡者瞬其目而招王之左右姬妾⋯⋯」季羨林指出，此段文字和《生經》卷第三《佛說國王五人經》卷廿四中的一個故事幾乎完全相同；此故事在印度極流行，因此當是《列子》抄襲《生經》。他又認為，此經由竺法護譯於西晉武帝太康6年（A.D.285），可因之考定《列子》偽作之年代。對此，羅漫認為，此二者旨趣不同：〈湯問〉之旨在於人不能淺薄無知，《生經》之旨在於人巧可勝自然。他又指出，由《莊子・達生》對「巧」的討論來看，先秦也可能產生「偃師木人」這樣的故事；又或許二者只是偶合；也許這種現象是先秦時期中印文化交流之結果。

（8）除此之外，宋濂指出：（1）、〈黃帝〉「內外進矣，而後眼如耳，耳如鼻，鼻如口，無不同也。心凝形釋，骨肉都融，不覺形之所倚，足之所履」是佛教「大乘圓行說」；（2）、〈黃帝〉「鯢旋之潘為淵，止水之潘為淵，流水之潘為淵⋯⋯」之九淵之說是「修習教觀說」；（3）、〈周穆王〉「有生之氣，有形之狀，盡幻也⋯⋯知幻化之不異生死也，始可以學幻矣」是「幻化生滅說」；（4）、〈天瑞〉「厥昭生乎濕，醯雞生乎酒⋯⋯人久入於機。萬物皆出於

機，皆入於機」是「輪迴不息說」；（5）、〈天瑞〉「人胥知生之樂，未知生之苦……知死之惡，未知死之息」是「寂滅爲樂說」。馬敘倫指出：〈天瑞〉「夫天地，空中之一細物，有中之最巨者」的說法是取自佛書。陳連慶認爲：（1）、〈天瑞〉「杞人憂天」章是以佛家「三千大千世界」及「成住壞空」世界觀爲本；（2）、〈仲尼〉「其有介然之有，唯然之音，雖遠在八荒之外，近在眉睫之內，來干我者，我必知之」說的即是佛家的「天眼通」、「天耳通」；（3）、〈周穆王〉「周之尹氏大治產」章「老役夫夢爲人君」之故事和《六度集經》卷八《察微王經》故事近似。（4）、〈天瑞〉「運轉無已，天地密移，疇覺之哉？」即是佛家「諸行無常」之說；（5）、〈楊朱〉「百年壽之大齊」章即佛家「人生是苦」思想，其說並和《六度集經》卷八《阿離念彌經》相同。

蕭登福則由全面比較的觀點，指出《列子》書中肯定抄自佛經的有三處：（1）、即季羨林所提出的〈湯問〉「偃師木人」章，抄自《生經》卷第三《佛說國王五人經》卷廿四；（2）、〈仲尼〉「中山公子牟」章「善射者能令後鏃中前括，發發相及，矢矢相屬」之說，抄自《摩訶般若波羅密經》卷十八（學空）不證品第六十；（3）、〈說符〉「邯鄲之民」章有「正旦放生，示有恩也」之說法，顯然出自佛家。但他認爲，這些都可能只是後人增入，最多只能說非原書所有，不能以此證明全書之僞。除此之外，其他與佛家思想相近的部分，有些難以斷言是否和佛教有關係，有些則可斷言只是偶合，而非抄襲。

4. 《列子》與周秦魏晉諸書之間的「抄襲」關係：

《列子》書中有大量材料見於其他典籍，而這些典籍的成書年代往往甚晚。辨僞派認爲《列子》抄襲這些典籍以成書，此正是其晚出之證據。對此，雙方爭議的焦點如下：

（1）《易緯・乾鑿度》：《列子・天瑞》有「昔者聖人因陰陽以統天地。夫有形生於無形，則天地安從生？故曰：有太易、有太初、有太始、有太素……」一章，與《易緯・乾鑿度》文字幾乎完全相同。何治運、馬敘倫指出：這是〈天瑞〉抄襲〈乾鑿度〉；馬敘倫並認爲，〈乾鑿度〉出於戰國，非列子所能見及，顯然是後人作僞篡入。對此，武內義雄和岑仲勉認爲：諸子書多非其人自著，若《列子》出於列子後學之手，而成書於戰國時期，則自然可以見到〈乾鑿度〉。嚴靈峰則認爲：〈天瑞〉這段文字講的是「天地」如何生成的「宇宙發生」問題，相較於此，〈乾鑿度〉易「天地」爲「乾坤」，說的是「乾坤」的產生，二者並不相同；而〈天瑞〉文義完整，〈乾鑿度〉如此改動反而

造成文義斷缺，顯然是〈乾鑿度〉抄襲〈天瑞〉。然而，莊萬壽認為：〈天瑞〉所說宇宙進化過程的說法，為先秦所無，只能出現在陰陽五行說盛行的漢代，因此當是〈天瑞〉抄襲〈乾鑿度〉。對此，許抗生則認為：此種宇宙生成說的雛型已存在於《老》、《莊》之中，因此先秦時有此思想是可能的。

（2）《穆天子傳》：〈周穆王〉首章後半所載「周穆王見西王母」事，文字和《穆天子傳》幾乎全同，而《穆天子傳》出自汲冢（西晉武帝太康二年，A.D.281）。馬敍倫、顧實、陳文波、辛冠潔等人皆認為顯然是《列子》抄襲汲冢所出之《穆天子傳》。對此，（1）、武內義雄、岑仲勉、嚴靈峰指出：據《晉書·束皙傳》所說，《穆天子傳》出自魏襄王或安釐王之墓，顯然戰國時本有此書；而若《列子》成書於戰國，則其引述此書並不足怪。（2）、岑仲勉指出：就〈周穆王〉和《穆天子傳》比較，其實二者敘事次序有相互顛倒、不同之處，此當是二者所據傳聞異辭之故。嚴靈峰、陳廣忠也認為《列子》所載當另有所本，《左傳》昭公12年、《史記》的〈秦本紀〉、〈趙世家〉皆有關於穆王西征、好遠游之記載；可見在彼時即有穆王故事流傳，不待汲冢書出。因此〈周穆王〉不必然抄自《穆天子傳》。

（3）《周官》：〈周穆王〉「覺有八徵」章關於「占夢」之說法、文字和《周官》中「占夢」之記載近同。馬敍倫認為《周官》漢世方顯，《列子》又抄襲《周官》。對此，（1）、武內義雄、岑仲勉認為《周官》是戰國作品，《列子》若成書於戰國亦可見及；（2）、岑仲勉並認為：《列子》所說較《周官》為詳，為知非《周官》抄《列子》？嚴靈峰認為：《周官》所說之「六夢」雖和〈周穆王〉之「六候」相同，可能是先秦通說；且〈周穆王〉多出「八徵」之說，不見於《周官》。（3）、嚴靈峰認為：《周官》所說乃是占夢之職司，而斷其吉凶，亦和《列子》理論性之說明不同。

（4）《靈樞經》：同上，〈周穆王〉「覺有八徵」章亦和《靈樞經·淫邪發夢》相似。陳文波認為《列子》抄《靈樞經》，《靈樞經》出於晉世皇甫謐時，故此乃晉人抄晉人文章。對此，（1）、岑仲勉、嚴靈峰指出：據杭世駿《道古堂集·靈樞經跋》，《靈樞經》可能是唐人王冰所偽，晉人何能抄唐人？（2）、嚴靈峰認為：《靈樞經》所說，是由人五臟六腑之疾病而發夢，和《列子》不同。

（5）《山海經》：《列子》中有許多文字和《山海經》近似。馬敍倫認為：〈湯問〉「渤海之東不知幾億萬里，有大壑焉」一段和〈天瑞〉「列姑射山在海河洲中，山上有神人焉」一章即抄自《山海經》及其注文；否則何以郭璞

注此不引《列子》？對此，（1）、武內義雄認爲若《列子》乃其後學所作，則引之不足怪。岑仲勉亦認爲：《山海經》非一人一時之作，最早部分可能出於戰國；就算《列子》抄之，也非晉人僞書之證。（2）、關於郭璞不引《列子》爲注，武內義雄認爲：若信向《敘》、張《注》對《列子》流傳之說法，則郭璞未見《列子》並不可疑。岑仲勉認爲：古人引書，全憑記憶，原無成例，此未必可證其僞。

（6）《新論》：〈湯問〉有「孔子東游，見兩小兒辯鬥」一章，桓譚《新論》所載略同，而不云出《列子》；張華《博物志》亦記此事，而末云「亦出《列子》」。馬敘倫認爲：「則華所據爲《新論》，疑『亦出《列子》』四字爲讀者注語。不然，華當據《列子》先見之書也。」而《列子》此文當即抄自《新論》。對此，（1）、武內義雄認爲：若信向《敘》、張《注》之說法，則桓譚未見《列子》，並不可疑。（2）、岑仲勉認爲：馬氏此說是以疑爲據，何以見得張華之文取自《新論》？

（7）《史記》：〈力命〉「管夷吾鮑叔牙二人相友甚戚」一章，文字與《史記‧管晏列傳》幾乎全同。陳文波等人認爲《列子》抄襲《史記》。對此，岑仲勉認爲：《史記》作書必有所本，何不說《史記》抄襲《列子》？而莊萬壽則指出：司馬遷著史記並未參考《列子》，《史記》全書亦無《列子》之蹤跡。

（8）《呂氏春秋》：馬敘倫指出：〈力命〉稱「子產殺鄧析」，與《左傳》不合，而列子鄭人，於本國之事何能歧誤如此？此是作僞者因《呂氏春秋‧離謂》「鄧析難子產」之記載而影撰此文。對此，岑仲勉指出：（1）、《荀子‧宥坐》亦言子產殺鄧析，可見此種歧異只是古傳聞異辭。（2）、《列子》書成於戰國，故亦可能對鄭國之事不達。

（9）《淮南子》高誘注、《後漢書》：馬敘倫指出：〈力命〉「顏淵壽十八」的說法，與《史記》等不合，而見於《淮南子‧精神》高誘注和《後漢書‧郎顗傳》；此是《列子》取自此二書，可證其晚出。對此，岑仲勉認爲：〈郎顗傳〉所云「十八」可能是「四八（卅二）」之誤，故不可據；至於高誘之說亦可能根據《列子》而來。

（10）宋忠《世本》注、王逸《楚辭章句》、高誘《呂氏春秋》、《淮南子》注：馬敘倫指出：〈力命〉稱「彭祖壽八百」，而依《莊子》其壽應不只八百，七百八百之說，出於以上諸書，而作僞者襲用之。對此，岑仲勉認爲：《莊子》混淆了彭祖（人名）和大彭（國族），《列子》的說法反而正確。

（11）《列子》與《莊子》的關係：據嚴靈峰統計，二書有 24 處相同或相似，依傳統說法，列子其人年代在莊子之前，因此前人多認爲是《莊子》取自《列子》。辨僞派則認爲是《列子》抄襲《莊子》，理由是：

（A）〈湯問〉「朽壤之上有菌芝者，生於朝，死於晦」之文，馬敘倫指出乃抄襲自《莊子·逍遙遊》及崔譔注。對此，岑仲勉認爲：a.若《列子》是在《莊子》後的戰國時期之書，則其引述《莊子》並不足爲奇。b.物有朝生暮死者，似是古人通說。

（B）〈黃帝〉和《莊子·應帝王》皆有「神巫季咸」一章，文字幾乎全同。《莊子》在此云：「鯢桓之審爲淵，止水之審爲淵，流水之審爲淵。淵有九名，此處三焉。」而《列子》則全舉九淵。梁啓超、馬敘倫等人指出：《莊子》唯舉其三，餘無所用；而《列子》抄襲之，從《爾雅》補足九淵之名，反而失其文旨。對此，a.武內義雄認爲：此現象不如說是傳聞異辭；不如說《莊》、《列》皆由他文竄入。b.岑仲勉認爲：若《列子》乃《莊子》後之戰國書，則《列》抄《莊》亦不可怪。而《爾雅》漢人寫成，安知其不抄《列子》？c.嚴靈峰指出：《列子》和《爾雅》對九淵名稱、次序之描述皆不同；且不知爲何唯舉三淵合文旨，舉九淵反而不合文旨？

另外，嚴靈峰一一比較《莊》、《列》二書相同的 24 處文字後指出：二者相比，《列子》往往較詳盡，而《莊子》看來似乎只是引用《列子》之材料以成其說；又《列子》往往在文字上較正確，文義較長，而《莊子》則多脫文誤字，原意盡失，因此顯然是《莊子》抄襲《列子》。他並且以同樣的理由主張其他先秦諸子書引《列子》者甚多。但是，莊萬壽則認爲：我們亦可以說就文字而言，較詳盡者較進步，因而時代較晚；而抄襲者的文字經過整理，因此自然較原始資料詳盡。且《莊》、《列》二者在文字、文義上其實是互有長短。而於義爲長者，未必即較原始；若非如此，則難以說明爲何較晚出的抄襲者會將原來的用字改成字義較差之字。

關於《列子》與諸書之間文字相同的現象，蕭登福從整體的觀點，指出四種可能性：（1）、抄襲：此需先定出何者成書較早；但他認爲：古書流傳過程中，僞竄增刪的狀況極多，欲斷定誰抄誰極困難，就此，諸說皆屬猜測，實屬無益。（2）、同樣取自古老傳說，或當時社會新聞，此非抄襲。（3）、僅借其故事，演述自己的哲理，敘述文字雖相同，觀點則異；此亦非抄襲。（4）、一段文字或故事，傳抄既久，往往出現兩屬或多屬之現象；甚至同一故事，

有主角名稱互異之現象。此是傳抄、傳聞之訛，非關抄襲。故《列子》和其他書籍文字相同的現象，不應即被視爲抄襲。莊萬壽亦指出：先秦材料有限，除非有明顯證據，否則不能證明彼此之間有抄襲關係。

5. 《列子》中出現之名詞、文法、事件、習俗之時代問題：

辨僞派認爲：《列子》書中有許多名詞、語法、事件、習俗非先秦所有，此乃《列子》晚出之證。如下：

（1）火浣布：〈湯問〉有「周穆王大征西戎，西戎獻錕鋙之劍，火浣之布」一章，其末云：「皇子以爲無此物，傳之者妄。蕭叔曰：『皇子果於自信，果於誣理哉！』」俞正燮、何治運、光聰諧、馬敘倫、劉汝霖等人指出《抱朴子・論仙》云：「魏文帝謂天下無切玉之刀，火浣之布。及著《典論》，嘗據言此事其間。未期二物畢至，帝乃歎息，遽毀斯論。」《三國志・魏志》、《搜神記》等亦有相同記載；可見〈湯問〉所說「皇子」即是魏文帝曹丕，亦可見《列子》之晚出。對此，辨誣派之回應是：（1）、武內義雄認爲：皇子即曹丕之說不過是想像而已。（2）、岑仲勉、嚴靈峰指出：《莊子・達生》有「皇子告敖」，《釋文》云：「皇姓，告敖字。」《廣韻》云：「皇子，複姓。」《尸子・廣澤》有「皇子貴衷」；其中皇子告敖之年代跟周穆王正相合。陳廣忠指出：據《三國志・魏志》記載，西域獻火浣布之事已在齊王芳景初三年（A.D.239），非曹丕之時；而且由曹魏時稱謂考之，曹丕亦不可能被稱爲「皇子」。故皇子不可能是曹丕。（3）、岑仲勉指出：此事〈湯問〉張《注》稱：「此《周書》所云。」即出於汲冢所出之《逸周書》。而陳廣忠則認爲這是指《漢書・藝文志》所著錄之「《周書》七十一篇」，非《汲冢周書》，而《周書》是戰國作品；又，據王嘉《拾遺記》，在燕昭王二年即有火浣布；據傅玄《傅子・附錄》，東漢梁冀有火浣布單衣。由此可知遠在曹丕之前已有火浣布之記載。嚴靈峰亦指出：若〈湯問〉「皇子」以下數語乃後人補入，適足以證明關於此事之記載在之前早已風行於世。

（2）三神山：〈湯問〉提到五座神山：「一曰岱輿，二曰員嶠，三曰方壺，四曰瀛洲，五曰蓬萊。」馬敘倫指出：方壺、瀛州、蓬萊三神山之名出於秦代，前無所徵。對此，（1）、武內義雄、岑仲勉認爲：神仙方士之說，至少發源於戰國；《列子》若爲戰國之書，則用三神山之名並不足怪。（2）、嚴靈峰指出：《史記・秦始皇本紀》始皇 26 年即載三神山之名，據〈封禪書〉齊威王時已有此名稱。（3）、蕭登福指出：三神山之名，在道教興起之後即有不同；

《史記》、《列子》之說，是較古的說法。

（3）儒生：〈周穆王〉「宋陽里華子中年病忘」章中出現「儒生」一詞，馬敍倫指出：「儒生」之名，漢世所行，先秦未有。對此，(1)、岑仲勉認為：「儒生」、「儒先」之名皆「儒先生」之略，當創自先秦。(2)、嚴靈峰指出：「儒生」首見於《史記》的〈秦始皇本紀〉及〈封禪書〉始皇 26 年，而在此之前當已有其名。

（4）語法：光聰諧指出：古書追敍先事，唯《左傳》曰「初」，《史記》曰「先是」，餘無如此用者，而《列子》有「初」之用法，可知其為後人增竄。楊伯峻則由漢語史的角度，指出：《列子》中「數十年來」之說法、「舞」作「舞弄」解、「都」作「全」解、「所以」作一單詞用、「不如」作「不像」解，皆非先秦時的語言現象。另外，「放意」、「婚宦」是六朝常語，周光午也指出「未是」乃漢魏之後的用語。可見《列子》絕非先秦典籍。對此，(1)、嚴靈峰、蕭登福認為：先秦語言並無統一規範，各國「言語異聲，文字異形」，而且地有南北，方言各殊，諸子書的體裁、用字皆不相同，豈能一概而論。(2)、嚴靈峰、羅漫認為：先秦典籍亡佚甚多，不能證明先秦絕無此種語法；以語法定年的方法應嚴格限制在文獻大量存在之條件下。(3)、羅漫指出：後人往往有用當時語法改寫先秦資料之習慣，如《史記》改寫《尚書》之文字。(4)、嚴靈峰指出：在「數十年來」此條論證中，楊伯峻誤將「今頓識：既往數十年來『存亡、得失、哀樂、好惡』擾擾萬緒起矣」斷為「今頓識既往，數十年來存亡、得失、哀樂、好惡，擾擾萬緒起矣」，故有此錯誤結論。(5)、岑仲勉認為：《列子》中以「朕」為第一人稱之代詞，以「女」、「若」、「而」為第二人稱代詞等等用法，甚為古老；而〈力命〉中如「人子達」、「人子敬」之倒裝句法亦然。陳廣忠則指出：張湛《注》及殷敬順《釋文》中，引用了大量《爾雅》、《方言》、《說文》、《倉頡》等先秦兩漢之文字學、訓詁學、方言學資料，而其中有不少字詞的用法是只有《列子》單獨使用的，亦不少是先秦通語，可知此書不出魏晉。

（5）其他：(1)、黃震指出：西域之名，起於漢武，而《列子》中預言之，甚可疑。(2)、姚鼐指出：古代駕車以駟馬，以六馬為天子大駕，出秦漢之後；而〈湯問〉「泰豆御馬」言「六轡不亂」，非周人語。(3)、何治運指出：《列子》書稱「四海」、「四荒」、「四極」的說法，出《爾雅》之後。與此相反，(1)、岑仲勉則認為：〈黃帝〉、〈周穆王〉、〈湯問〉、〈楊朱〉諸篇所舉之

古代葬俗，非晉人所能知。（2）、羅漫認爲：〈湯問〉所說「男女雜游，不媒不聘」之俗，正可證之於蒙古史前壁畫。

6. 《列子》思想之時代特徵問題：

根據辨僞派之主張，《列子》書中所表現的思想，非先秦時代所有，反而和魏晉時期的思想特徵相合，因而可以證明《列子》是魏晉人所作之僞書。辨誣派也提出相反的事例企圖否證之。

（1）梁啓超、門啓明指出：〈楊朱〉全是晉人清談縱慾之頹廢思想，先秦各學派皆帶積極精神，無此等虛無主義思想。若〈楊朱〉是先秦作品，何以先秦無人提及或非議此種異端思想？對此，（1）、劉汝霖指出：《莊子·盜跖》也有此種縱慾思想；陳鼓應指出：《荀子·非十二子》形容它囂、魏牟的學說是「縱性情，安恣睢，禽獸行」，此亦先秦有縱慾思想之證。（2）、陳鼓應認爲：〈楊朱〉所說其實並非縱慾思想；許抗生認爲：〈楊朱〉所說之縱慾主義是物質性的，和西晉元康放達派爲追求聲名或求精神解脫之縱慾主義不同。

（2）胡適認爲：〈楊朱〉中所談的「名實」問題，是戰國時代的問題，可信此篇未僞。但任繼愈主編的《中國哲學發展史》則指出：就〈仲尼〉「中山公子车」章所提到名實問題來看，其中「無意」、「無心」的說法和玄學貴無論相合，並非先秦名家之思想，而應該是在魏晉時代重視辨名析理之風氣下，邏輯學復興後之產物。

（3）許抗生指出：魏晉玄學之發展以本體論爲主，和先秦道家重視宇宙生成論之傾向不同；而據馮友蘭的說法，《列子》還停留在宇宙生成論的階段，似乎完全不懂玄學本體論的發展，顯示了先秦道家之思想特質。但是《中國哲學發展史》則指出：《列子》的宇宙觀表現了王弼的貴無論思想，也採取了「自生自化」的獨化論主張，是前者向後者過渡之產物。

（4）莊萬壽認爲：〈天瑞〉「太易、太初、太始、太素」一段所說的宇宙進化過程之思想，爲先秦所無，只能出現在陰陽五行說盛行的漢代。許抗生則認爲：此種宇宙生成說的雛型已存在於《老》、《莊》之中，因此先秦時有此思想是可能的。

（5）其他：辨僞派云：（1）、何治運認爲：以黃帝、孔子並稱爲聖人，出西漢儒家昌明之後。（2）、《中國哲學發展史》指出：書中數引《黃帝書》，黃老不分，乃漢代黃老思潮興起後之習慣。辨誣派云：（1）、陳鼓應指出：〈楊朱〉篇中反禮教之思想，在《莊子》中已存在。（2）、許抗生認爲：〈力命〉

篇中對「命」之說法和《莊子》思想一致。

7. 關於《列子》辨偽問題的整體思考：

對於《列子》辨偽問題，除了細節上的討論之外，有些學者還從辨偽方法和觀念的層次對整個「辨偽」活動提出反省與質疑：

（1）周紹賢、蕭登福等人認為：就算能證明辨偽派所提出的那些篇章是魏晉人所偽造的，我們也只能說這是後人所增入，最多只能說增入部分非原書所有，而不能以此證明全書之偽。莊萬壽亦認為：書中有某些篇章出於魏晉並不表示全書皆出於魏晉，同理，有某些篇章出於先秦亦不表示全書皆出於先秦，不能以偏概全。陳鼓應亦批評辨偽派使用之方法：「……抓住一些片語隻字，或一些孤證，便對整本書進行論斷，也就是以一些特稱命題擴展而為對全稱命題的論斷，這在形式邏輯上是犯了『急速推廣的謬誤』(The Fallacy of Hasty Generalization)」、「諸子的書，特別是字數較多的著作，大多是一篇篇寫，由後人匯集成冊，而且非一時一人之作……因此，某一本書的作品，篇與篇之間，都可能有它的相對獨立性，而且因為它是別篇單行，所以考證方法上必須注意：（1）不能根據片語隻字，來對整篇作出結論性的否定，除非它們是一些關鍵性的詞句或概念。（2）更不能只抓住片語隻字，就把全篇，甚至整本書的其它篇章也給予全面性的否定。在《列子》辨偽這個問題上，則恰恰是違背了上述兩條規則。」

（2）莊萬壽則認為：「古書的真和偽沒有明確的界限，是否原作者一人所作的才是真書呢？那麼可斷言：先秦，甚至秦漢之交流傳至今的古書沒有一本是一人一時之作……《列子》和《莊子》也是一樣，只是集結的材料延長到魏晉而已……對古書材料的分析斷代是需要的，若要勉強論定某書是真是偽，就大可不必了。」

關於《列子》辨偽問題，歷來雙方之意見約略如上。〔註10〕

〔註10〕以上關於《列子》其書真偽問題所引諸說，見於：1.柳宗元：《辨列子》；2.高似孫：《子略》；3.葉大慶：《考古質疑》；4.黃震：《黃氏日抄》；5.宋濂：《諸子辨》；6.姚際恆：《古今偽書考》；7.錢大昕：《十駕齋養新錄》卷八；8.姚鼐：〈跋列子〉，《惜抱軒文後集》卷三；9.鈕樹玉：〈列子跋〉，《匪石先生文集》卷下；10.吳德旋：〈辨列子〉，《初月樓文續鈔》卷一；11.俞正燮：《癸巳存稿》卷十；12.何治運：〈書列子後〉，《何氏學》卷十；13.李慈銘：《越縵堂日記》；14.光聰諧：《有不為齋隨筆》卷己；15.陳三立：〈讀列子〉；16.梁啟超：《古書真偽及其年代》；17.馬敘倫：〈列子偽書考〉；18.顧實：《漢書藝文志講疏》；19.呂思勉：〈列子解題〉，《經子解題》；20.陳旦：〈「列子楊朱篇」偽書新證〉；

（二）對《列子》辨偽問題之反思

面對以上種種說法，在我們對《列子》書之眞偽問題作出判斷，並由此對《列子》其書作成定位之前，有兩個問題必須先加以考慮：一是辨偽、辨誣雙方論證的性質，以及其方法有效性的問題，一是古籍「眞」、「偽」之意涵及界限的問題。這事實上是由上節 7.所提出來的對《列子》辨偽問題的整體思考問題所引發的。

1. 論證之性質和方法有效性之問題：

21.陳文波：〈偽造「列子」者之一證〉；22.楊伯峻：〈從漢語史的角度來鑒定中國古籍寫作年代的一個實例──「列子」著述年代考〉（以上見於楊伯峻：《列子集釋》〔北京，中華書局，1996 年〕附錄三〈辨偽文字輯略〉）；23.洪邁：《容齋隨筆》；24.朱熹：《朱子語錄》；25.朱熹：《朱子文集》；26.門啓明：〈楊朱篇和楊子之比較研究〉；27.武內義雄：〈列子冤詞〉；28.岑仲勉：〈列子非晉人偽作〉（以上見於嚴靈峰編輯：《無求備齋列子集成》第 11、12 冊〔臺北，藝文印書館，民國 60 年〕）；29 胡適：《中國哲學史大綱》；30.梁啓超：〈評胡適之中國哲學史大綱〉；31.梁啓超：《中國歷史研究法》；32.顧實：《重考古今偽書考》；33.劉汝霖：《周秦諸子攷》（以上見於張心澂編著：《偽書通考》〔臺北，明倫出版社，民國 59 年〕）；34.嚴靈峰：〈辨列子書不後於莊子書〉；35.嚴靈峰：〈「列子章句新編」解惑〉（見《列子辯誣及其中心思想》〔臺北，文史哲出版社，民國 83 年〕附錄）；36.嚴靈峰：《列子辯誣及其中心思想》（同上）；37.周紹賢：《列子要義》（臺北，臺灣中華書局，民國 72 年）；38.蕭登福：《列子探微》（臺北，文津出版社，民國 79 年）；39.莊萬壽：《列子讀本》（臺北，三民書局，民國 85 年）；40.嚴北溟、嚴捷：《列子譯注》（臺北，書林出版有限公司，民國 84 年）；41.任繼愈主編：《中國哲學發展史（魏晉南北朝）》（北京，人民出版社，1988 年）；42.季羨林：〈列子與佛典〉，《中印文化關係史論・中外佛教交通史料匯編》（臺北，彌勒出版社，民國 73 年）；43.莊萬壽：〈先秦的列子〉，《學粹》16 卷 1 期，（民國 63 年 3 月）；44.辛冠潔：〈《列子》評述〉，《中國哲學史研究》1986 年 3 期；45.馬達：〈劉向《列子敍錄》非偽作──馬敍倫《列子偽書考》匡正之一〉，《大陸雜誌》第 94 卷第 4 期（民國 86 年 4 月）；46.嚴靈峰：〈老列莊三書中被廣泛誤解的幾個問題〉，《東方雜誌》復刊第 15 卷 6 期，（民國 69 年 12 月）；47.陳連慶：〈列子與佛經的因襲關係〉，《社會科學戰線》1981 第 1 期；48.胡家聰：〈從劉向的敍錄看《列子》並非偽書〉，《道家文化研究》第 6 輯，（上海，上海古籍出版社，1995年）；49.陳鼓應：〈論《老子》晚出說在考證方法上常見的謬誤──兼論《列子》非偽書〉，《道家文化研究》第 4 輯，（同上，1994 年 3 月）；50.許抗生：〈《列子》考辨〉，《道家文化研究》第一輯，（同上，1992 年）；51.陳廣忠：〈爲張湛辯誣──《列子》非偽書考之一〉，《道家文化研究》第十輯，（1996 年 8月）；52.陳廣忠：〈《列子》三辨──《列子》非偽書考之二〉，同上；53.陳廣忠：〈從古詞語看《列子》非偽──《列子》非偽書考之三〉，同上。54.羅漫：〈《列子》不偽和當代辨偽學的新思維〉，《貴州社會科學》1989 第 2 期。

（1）在歷來那麼多對《列子》辨偽問題的主張之中，顯然有許多論證是全然缺乏說服力的。以《列子》與佛的關係之討論來說，例如：陳連慶指出：《列子》書抄襲了佛家「三千大千世界」、「天眼通」等等說法；然而，他雖然提出這些看法，卻沒有對此提出任何證明。如此說法，自然很難取信於人，而不免有穿鑿附會之嫌疑。不只是辨偽派如此，辨誣派也有同樣的問題，例如：面對季羨林所提出的《列子·湯問》「偃師木人」章抄襲《生經》的證據，羅漫只以「先秦時期可能中印之間已經有文化交流」來回應。類似這樣的論證方式，自然沒有任何論證效力，而必須排除在我們對《列子》辨偽問題的考慮之外。

（2）然而，這些論證之外，尚有一些論證的性質有待檢視。我們發現，大多數辨偽派所提出的論證都有以下特色：他們舉出了某一確實存在的現象，並認為這個現象可以證明《列子》是偽書，然而這個「現象」本身和「《列子》是偽書」這一結論之間的「推論關係」卻付之闕如。例如：在《列子》和其他古籍之間的抄襲問題上，辨偽派指出《列子》有許多文句和其他古籍相同，因此可知是《列子》抄襲這些古籍，因此《列子》是偽書。然而，他們卻往往沒有說明為何由「《列子》有許多文句和其他古籍相同」這一現象就可以得到「《列子》抄襲這些古籍」這一結論。或許這是因為《列子》的文句和其他古籍相同的地方實在太多了，因此他們認為只要收集夠多《列子》和其他古籍文句相同的事例，就足以證明《列子》抄襲這些古籍了。在其他問題上，這種論證型式也被辨偽派廣泛採用。然而，這種論證方式顯然是有問題的。首先，雖然他們能舉出值得注意的「現象」，但他們不能指出如何由這些「現象」推論出「《列子》是偽書」；這也就是說：在此論證中，雖然其前提為真，但是其前題之真不能保證結論之真，因此，這是一個無效論證。其次，既然其前提之真不能保證結論之真，則不管集合多少類似的前提，依然不能保證其結論之真；同樣地，既然這種論證都是無效的，則不管集合多少同樣的論證，也不能使它們成為有效論證。而辨誣派在較小的程度上也使用了同樣的論證方式。

（3）在一些論證中，辨偽派則提出了「現象」和「《列子》是偽書」這一結論之間的「推論關係」，而這往往正是辨誣派反駁的焦點。以馬敘倫認為《列子》抄襲《山海經》及其《注》和《新論》為例：《列子》的文句和這兩本書相同乃是客觀的現象，而馬敘倫由古人引書之例來說明確實是《列子》抄襲了這兩本書；在此「古人引書之例」成為連結前提與結論之間的關鍵。而辨誣派的方針則是認為古人引書本無成例，因此辨偽派的前提與結論之間

並無必然關連。就此而言，我們可以發現辨誣派所提出的反駁之性質，是針對辨偽派所提出的論證中的「那個」推論關係提出質疑，而非針對客觀的「現象」與《列子》是偽書」這一結論之間是否有「推論關係」提出意見。因此，這種反駁的效力是有限制的，它最多只能指出對方的謬誤，使對方的論證無效化，但卻不能證明這些「現象」究竟能或不能推論出「《列子》是偽書」，因此也不能證明《列子》究竟是或不是偽書。就這個例子來說：辨誣派也許可以成功地反駁馬敘倫所提出來的論證，但是並不能證明《列子》沒有抄襲《山海經》與其《注》以及《新論》；更不能由此即證明《列子》非偽書。因此，這些反駁數量雖多，但只能幫助我們評價辨偽派所持論證的有效性，對《列子》辨偽的實質問題並沒有決定性的影響。

（4）在另一些論證中，一方所提出來的「推論關係」是一套對「現象」的解釋，而另一方的回應則是另一套解釋。例如，關於《莊》、《列》之間文句相同，而《列子》往往較《莊子》文長義完的現象，嚴靈峰認為這應該解釋為《莊》抄《列》；莊萬壽則認為解釋成《列》抄《莊》。在此，雙方面對相同的現象，而有完全不同的解釋，因而有不同的結論。通常面對這種情況，我們只能以合理性為標準來對雙方的意見作取捨。然而，我們可以設想：既然對同一現象可以有不同的解釋，既然雙方的解釋都只是對現象的某一種解釋，則或許所有的這些解釋都是錯誤的，又或許另有其他的解釋方法也說不定。就性質來說，所有這些解釋都只是對現象的「可能」解釋，而非「必然」的解釋。或許事實的真相只有一個，而諸多「可能」的解釋之中將會有一個恰巧是和事實相合的；但是我們不知道現有的解釋是否就是那個正確的解釋。這就是為何面對不同的解釋時，我們不能直接知道誰是誰非，只能選擇其中看來合理性較強者的原因。而既然這些解釋都只是對現象的可能解釋，則這些解釋本身，作為連結現象與結論之間的「推論關係」，也只是「可能的」推論關係而已。這也就是說，這類論證，從前提到結論之間的「推論關係」並無必然性，只有可能性；換言之，其前提之真並不必然保證其結論之真，只能說其結論可能為真而已。因此，這種論證本身並不能證明「《列子》是／不是偽書」，它所斷說的其實只是「《列子》可能是／可能不是偽書」，這當然對解決問題沒有多大幫助。事實上，絕大多數辨偽派和辨誣派的論證，都是這種訴諸「可能性」而提出的論證，然而卻企圖達成「《列子》是／不是偽書」這種必然的結論，這類論證自然也是無效的。

（5）事實上，經過剛剛的討論之後，沒被排除掉的論證已經所剩無幾了，但是我們仍要面對上節 7.中，陳鼓應等學者所提出的「以偏概全」問題。他們認為：即使已經證明了《列子》的某些部分確實是出於魏晉或先秦，也不能據此即斷定《列子》全書都出於魏晉或先秦。這個主張是很合理的，但是，若以此來衡量辨偽派和辨誣派所提出的論證，將會發現，沒有一個論證可以通過這個標準。既然每個論證都是針對某一殊別的現象立論，它們都是由「偏」出發的；根據這個標準，由「偏」永遠達不到「全」，則《列子》的辨偽及辨誣工作永遠也不會有結果。不只如此，一切古籍的辨偽工作恐怕都不能倖免。我們不免要問：有沒有什麼方法可以使我們合理地由「偏」推論到「全」呢？陳鼓應說：「考證方法上必須注意：（1）不能根據片語隻字，來對整篇作出結論性的否定，除非它們是一些關鍵性的詞句或概念。（2）更不能只抓住片語隻字，就把全篇，甚至整本書的其它篇章也給予全面性的否定。」〔註11〕這雖然是說不可「以偏概全」，但似乎也表明：如果這個「偏」是一些關鍵性的詞句或概念，則它可以被推廣至「全」的層次。這個作法應當是謹慎而合宜的，然而，由於《列子》本身性質的關係，這個方法在實行上有其困難：（1）、陳鼓應的方法，是將「篇」視最小獨立單位；他認為，古書的篇與篇之間，往往有其相對獨立性，因此，同一篇之內可以被視為一個整體，所謂「關鍵性的詞句或概念」也是就「篇」之範圍而言的。然而，根據《列子》劉向《敘》及張湛《注》，此書曾經過一番「參校有無」及重新編成的整理工作，這是否會破壞原本《列子》各篇原有的整體性？（2）、就「關鍵性的詞句或概念」來說，顯然大多數辨偽或辨誣的論證都不是由此出發的。然而，問題在於，就《列子》原書而言，是不是每一篇都必定有「關鍵性的詞句或概念」？如〈湯問〉、〈說符〉全篇多是寓言故事，很難說有什麼「關鍵性的詞句」；雖然它還是有「關鍵性的概念」，但是究竟這中心概念是什麼恐怕也很難說，不同的詮釋者可能有不同的說法。因此，在實際運作上，這方法也有其限制。結果是，「以偏概全」的困難仍困擾著我們。

　　2. 古籍「真」、「偽」之意涵及其界限：

　　雖然說古籍辨偽的目的即在辨明古籍的真、假，但是究竟何謂「真」、何謂

〔註11〕陳鼓應：〈論《老子》晚出說在考證方法上常見的謬誤——兼論《列子》非偽書〉，《道家文化研究》第4輯，（上海，上海古籍出版社，1994年3月），頁417。

「假」？似乎仍是一個有待界定的問題。一般的說法是如梁啓超所說：「僞書者，其書全部分或一部分純屬後人僞作，而以託諸古人也。」〔註12〕但是，這一說法並不是人人都同意的；例如，根據嚴靈峰的界定，所謂「僞」，「就是『僞託』，是有人存心作僞，假造這一部書，以欺騙世人。」〔註13〕相較之下，梁啓超的標準寬鬆得多，只要其書一部分屬後人僞作即算是僞書；而嚴靈峰則加上「存心作僞」這個嚴格條件。但是，其實雙方的定義方式都是有問題的，他們要定義何謂「僞」書，卻又用「作僞」、「僞託」這種詞語來循環定義，等於是沒有定義。正是因爲如此，究竟何謂「僞書」竟沒有一個清楚的界定。

可以想見，如果辨僞派和辨誣派雙方對何謂古籍的「眞」、「僞」根本沒有共識，則雙方的辯論將流於各說各話的局面。就《列子》眞僞問題的辯論而言，很不幸地正是如此；不但辨僞派和辨誣派雙方對眞、僞的界定不同，即使是屬於同一陣營的學者之間，其定義也往往不同。甚至同一位學者，也常使用了不同的「眞」、「僞」標準而不自知。例如：當辨僞派指出《列子》非列子本人自作，因而是僞書之時，辨誣派常常只企圖證明《列子》非魏晉人僞造，因爲他們認爲諸子書非本人自作本是常態；同屬辨誣派的成員，武內義雄的目標是論證《列子》大體尙存劉向校書時之面貌，岑仲勉則想證明《列子》是戰國時期之作品；而馬敍倫在論證《列子》是僞書時，事實上是在「《列子》非本人自著」和「《列子》書成於魏晉」兩種標準之間游移。如此，雙方的論證當然不會有交集。然則，在我們企圖對《列子》之眞僞問題作出決定之前，對「眞」、「僞」的意義作出界定是必要的。

但是，我們在此所要考慮的，是莊萬壽所提出來的意見，他說：

> 古書的眞和僞沒有明確的界限，是否原作者一人所作的才是眞書呢？那麼可斷言：先秦，甚至秦漢之交流傳至今的古書沒有一本是一人一時之作，像《莊子》便是先後經劉安門客、劉向父子所蒐集編校而成的，其中材料有先秦的，也有漢初的；作者有莊派、老派的學者，並且也有受儒家、陰陽家影響的作品：如此是否要視《莊子》爲僞書呢？《列子》和《莊子》也是一樣，只是集結的材料延長到魏晉而已……對古書材料的分析斷代是需要的，若要勉強論定

〔註12〕梁啓超：《中國歷史研究法》（臺北，臺灣商務印書館，民國70年），頁126。
〔註13〕嚴靈峰：〈「列子章句新編」解惑〉（收《列子辯誣及其中心思想》〔臺北，文史哲出版社，民國83年〕附錄四，頁266。）

某書是眞是僞，就大可不必了。〔註14〕

他指出：先秦及秦漢之際產生的古籍本來即皆非作者一人自著，也都經過一段後人增補的過程；就此而言，《列子》的情況並無不同，只是「集結的材料延長到魏晉而已」。值得注意的是，這種看法如果正確的話，將使得所有辨僞派的主張無效化；因爲不管辨僞派能指出《列子》有多少部分出於後人之手，甚至是魏晉人之手，根據這種看法，這都可以被視爲是古籍形成過程中的正常現象。這種看法，根本動搖了古籍「眞」、「僞」之分的合理性。這一看法若是正確的，則辨僞派和辨誣派的爭論將會失去意義。

然而，莊萬壽的說法是正確的，據我們所知，現存先秦古籍的形成，確實有上述的情形。當代大量地下文物的出土，更證實了這種看法的正確性。李學勤指出：近年來從地下發掘出大量戰國秦漢的簡帛書籍，使人們能親眼見到未經後世改動的古書原貌，這將有助於我們對古書作出新的反思。經由研究這些簡帛書籍，我們可以知道在古書的產生和流傳的過程中，有一些值得注意的狀況，其中包括：

後人增廣。古書開始出現時，內容較少。傳世既久，爲世人愛讀，學者加以增補，與起初大有不同。……

後人修改。古書傳流多賴師傳，有時僅由口傳，沒有書於竹帛，因而弟子常據所見，加以修改，不能斥爲作僞。……

經過重編。(例如馬王堆帛書《周易》)

篇章單行。古人抄書很不容易，書不易找，書寫材料也有困難，因而大部頭的書籍有時只有部分篇章單行，普及於世。……

改換文字。古人傳流書籍係爲實用，並不專爲保存古本。有時因見古書文字艱深費解，就用易懂的同義字取代難字。……

因此，李學勤指出：「以前有不少著作，對古書的形成採取一種靜止不變的觀點，以爲漢以前的書籍和後世一樣，一經寫定，不再作出修改。不知古代沒有紙張和印刷術，任何書籍，如無官方保證，就只能傳抄甚至口傳，師弟相因，其間自然難免增刪筆削。簡帛又不像紙張那樣易於便攜，很多書只得分篇單行。及至彙集成書，便會有次第先後和內容多寡的不同。」、「古書的形成每每要有很長的過程……如果以靜止的眼光看古書，不免有很大的誤

〔註14〕莊萬壽：《新譯列子讀本》(臺北，三民書局，民國 85 年)，頁 9。

會。」、「對古書形成和傳流的新認識，使我們知道，大多數我國古代典籍是很難用『眞』、『僞』二字來判斷的。」〔註15〕這些和莊萬壽的看法相合。如果我們採取「非靜止」的觀點來看《列子》的形成，則似乎辨僞派所提出的質疑都不再成其質疑了。

　　然而，這並不是說古籍眞的沒有「眞」、「僞」之分。我們仍然可以設想：《列子》確實是某個魏晉人「存心僞造」的，它和在「非靜止」過程中形成的、被誤認爲僞書的「假的僞書」（如果可以如此說的話）不同，是「眞正的僞書」，正如《僞古文尙書》一樣。對《列子》辨僞問題而言，莊萬壽、李學勤的看法的眞正意義是：假如《列子》是一本「眞正的僞書」，那麼我們也不能知道，因爲「眞正的僞書」所會表現出的各種徵兆，和「眞書」（假的僞書）所會表現的徵兆幾乎完全相同。如果《列子》是「眞正的僞書」，我們可以由種種跡象得知，例如它抄襲晚出的典籍、它含有佛教的成分、它使用魏晉時的語言……等等；問題是，如果《列子》是「眞書」，它也可能會表現出這些跡象；這些只是古籍形成的「非靜止」過程中的正常現象而已。這也就是說，就目前所擁有的論據而言，我們仍然沒有辦法判斷《列子》是否是「眞正的僞書」。

（三）對《列子》其書之定位

　　經過以上的討論，我們知道：在辨僞派和辨誣派雙方所提出的論證之中，有許多是必須排除在《列子》眞僞問題的考慮之外的。但是，就算排除了這些論證，由剩下的論證出發，我們依然受方法上不能「以偏概全」的限制，而不能達到「《列子》是／不是僞書」這種整體性的結論。而且，從「非靜止」的觀點來看《列子》的形成，我們將無法知道《列子》是否是「眞正的僞書」。既然如此，在《列子》書之定位問題上，我們能做的，就只有檢視現有的資料中，能告訴我們多少關於《列子》的背景及其形成之事實而已。

　　在此考量之下，考慮辨僞、辨誣雙方之意見，可以肯定的是：（1）、由《漢書・藝文志》著錄有《列子》來看，漢時應該有《列子》，但不能知道此《列子》和今本《列子》有何關係和異同。（2）、《列子》書中有部分篇章，例如抄襲佛經的部分，可以確定是魏晉時代的作品；有些篇章雖然使用了魏晉時代的語法，但不知是否是改寫古語的結果。（3）、如果張湛並未僞造《列子》，則其《序》中關於《列子》流傳和整理的說法大概也是可信的；至於更早的

〔註15〕李學勤：《簡帛佚籍與學術史》（臺北，時報文化出版企業有限公司，1994年），頁 12～13，28～33。

源流，如劉向《敘錄》的說法，已經不可考了。（4）、我們可以說「《列子》成書於魏晉」；但是，當我們這麼說時，僅僅是指今本《列子》的樣貌是魏晉時期固定下來的。除了這四點之外，我們不能再確定什麼。

第三節　《列子》思想研究方法之限制與問題

　　既然對《列子》書之定位問題，我們只能採取上述的立場；由此一立場出發，《列子》思想之研究工作也有其相應的限制與問題：

　　首先，是這個定位方式爲《列子》思想之研究工作所帶來的限制：一般說來，研究某人或某書的思想可以採取的方法有：（1）、經由對其人其書所處之時代背景，做歷史、社會條件之分析；（2）、將其人其書之思想，放在思想史之脈絡中，觀察其源流、轉變。而偏偏這兩種方法在研究《列子》思想時都不能使用。因爲，《列子》可能是在一「非靜止」過程中慢慢形成的「假的僞書」；若然，則它並沒有一段特定的時代背景可供分析，我們自然也不能將這整段漫長的過程都拿來當成它的時代背景。既然我們不能斷言《列子》是「眞正的僞書」，當然也不能輕率地認定魏晉時期爲其成書背景。同樣地，假若《列子》是一部眞正的僞書，則其中所記載的固然即是魏晉人的思想，但是既然《列子》可能是在一「非靜止」過程中緩慢形成的「假的僞書」，則我們也不能知道《列子》書中所呈現的思想究竟是屬於那個時代的產物。也就是說，在此，我們不但無法借助歷史背景的知識來研究《列子》思想，也無法將《列子》的思想放到「思想史」之脈絡中加以理解。但是，當代許多學者已經將《列子》定位爲魏晉時期的作品，並將它視爲魏晉玄學的一部分來研究。他們認爲：《列子》約成書於西晉元康時期，是魏晉玄學中「玄學頹廢（或玄學放達派）」的謝鯤、王衍、王澄、胡毋輔之等人的理論著作。〔註16〕他們的根據，一部分是純粹考證的，一方面是思想的；他們說：「從思想內容與社會思潮的關係上確定一書的成書年代是內證的方法，它可以排除若干枝節上的爭執而把握事情的本質，比一般文字上的考據更強而有力。」〔註17〕

〔註16〕如：牟鍾鑒：〈對《列子》的再考辨與再評價〉，《文史哲》1985 第 6 期，頁 48～50；任繼愈主編：《中國哲學發展史（魏晉南北朝）》（北京，人民出版社，1988 年），頁 264～265；許抗生等著：《魏晉玄學史》（西安，陝西師範大學出版社，1989 年），頁 396～399；皆主此說。
〔註17〕任繼愈主編：《中國哲學發展史（魏晉南北朝）》，同上。

然而，依照我們前面的反省與思考，首先，這種由思想之相合來論證成書年代的論證僅僅是「可能」的論證，沒有「必然」的效力；其次，就算可以證明《列子》書中有玄學頹廢派的思想成份，也不表示《列子》全書都是玄學頹廢派的作品，除非可以先行證明《列子》是「眞正的僞書」。因此，這種「內證」的方法仍然需要以考證方法爲其前提，亦不具有較強的證據力。

既然我們不能用歷史、社會背景分析的方法研究《列子》，也不能將《列子》放在思想史中來觀察，則唯一能做的，就只有從《列子》本書研究其思想了。也就是說，在研究《列子》思想時，我們應該只由文本出發，而不去牽扯任何文本以外的題材。這是相當嚴格的限制：一方面，就研究範圍而言，只能以《列子》本書之原文爲範圍；一方面，在研究方法上，我們被限定只能從事《列子》思想的解釋工作。在此狀況之下，在從事《列子》思想的解釋工作之時，我們只能孤立地以《列子》爲研究對象，而應該避免援引其他古人著作或思想；因爲，既然不能確定《列子》和其他古代思想有何關係，因此，任何借用其他思想體系來解釋《列子》的作法都不免有牽強附會的嫌疑。而且，由邏輯次序上來說，《列子》思想和其他古代思想究竟有何關係，及它們是否相同或相通的問題，都必須在知道《列子》思想內涵究竟爲何之後才能確定；因此以其他思想來解釋《列子》的作法，預設了《列子》和其他古代思想的關係，再以此解釋《列子》本身的思想，這是倒果爲因的。何況，以其他思想解釋《列子》的方法還可能牽扯到時代認定的問題。基於以上這些理由，我們應該嚴格地只以《列子》本書爲研究的唯一範圍。雖然，我們或多或少總是擁有一些思想史的背景知識，也必須藉這些背景知識之助來研究《列子》；但我們必須盡可能地避免這種比附的情形。

其次，是在此定位方式之下我們所遇到的困難：雖說我們只能以《列子》本書爲研究範圍，但是，《列子》全書是否可以被預先設定爲一個「整體」來對待？有些學者認爲《列子》的內容是首尾呼應、自成一體的。〔註18〕然而，我們的問題並不是「《列子》思想是否首尾呼應、自成一體」，這個問題，在對《列子》思想的研究工作告一段落之後是可能解決的，而這也是本文的目的。我們的問題是，在我們準備對《列子》思想進行研究之前，是否可以先將《列子》全書視爲一個整體？如果《列子》是「假的僞書」，則在其漫長的成書過程之中，經過許多人的增刪改寫，其思想是否仍具一致性而能成一整

〔註18〕如嚴北溟、嚴捷：《列子譯注》（同 4.），〈前言〉，頁 5～6。

體？如果《列子》是「真正的偽書」，則也許它是偽造者思想之產物，因而能自成一整體；但是，由《列子》書中大量材料又見於其他典籍的情況來看，它也可能只是一本「雜纂」的作品，而沒有一套貫串全篇的思想。並且，就傳統說法來看，據劉向《敘錄》和張湛《列子序》所說，《列子》至少先後經過兩次大規模的重新編集整理，雖然我們不能確定這些編集工作的性質，但是《列子》的面貌很有可能經過一番相當程度的變動。在這種情況之下，倘若《列子》本有其書，它是否仍能保持原來的思想體系？由此看來，《列子》的思想是否可以被預設為一個整體是很有疑問的。然而，這個問題是十分重要的，因為就一個詮釋者而言，只要他有心曲解附會，任何彼此之間相互矛盾、南轅北轍的思想都可能被解釋得水乳交融、渾然一體。因此，如果《列子》思想本非一個一貫的整體，而詮釋者先入為主地以為它應該是一套完整的體系，他可能會為了建構這套「大一統」的體系而刻意曲解原書中思想各自不同的篇章，結果造成對《列子》思想的全面誤解。那麼，假如不能預設《列子》全書思想自成一體，是否能預設《列子》各篇之中思想自成一體呢？恐怕也不行，張湛《序》說《列子》是「參校有無，始得全備」，其中究竟如何「參校有無」也是不可考的。如果不能預設《列子》全書的思想一貫性，同樣也沒有理由預設各篇之中的思想會自成一體。同樣地，對一個解釋者而言，如果他心中預設《列子》各篇有其各自完整的思想體系，他很可能會為了建構這些體系而刻意忽視各篇理論上本有的不足之處，並忽視各篇之間可能存在的思想相關性。因此，我們不能預先將《列子》視為一個整體，也不能用「篇」來作為研究《列子》思想之解釋單位。

如此一來，唯一自成一體的單位便只有「章」了。那麼，我們研究《列子》思想的方法便應該是：由每一「章」出發，獨立而客觀地探究各章的意旨，不輕易拿各章思想相互比附，並且不吝於指出其間的矛盾。然而，這個方法看似理想，卻難以實行。因為《列子》中固然有一些議論體的章節，本身清楚地表達了一定的意旨，可以被獨立地分析；但是也有許多對話體章節，其意旨並不容易掌握；如〈天瑞〉的「林類」章，文末孔子評論說「然彼得之而不盡者也」，此語究竟何指，只由本章來看是很難解釋的。更重要的是，有許多寓言體的章節，像〈湯問〉「夸父追日」、「愚公移山」這些故事，獨立地看，有很多種解釋的可能，根本無法確定其意旨。更何況有些議論體的章節本身也有多重解釋的可能。因此，如果我們堅持各章獨立研究的作法的話，

其結果要不是將因為大部分材料都無法確定其意旨而根本無法進行；就是會因為過於主觀和任意地解釋這些材料致使整個研究喪失客觀性。所以，完全獨立地探究各章的思想是不可能的，我們必須要尋求一個有一定範圍的解釋單位，才能在其中理解各個章節的意涵。那麼，要怎麼辦呢？如果「篇」不能被視為一個獨立的解釋範圍，或許，我們只能以「主題」或「語意脈絡」來當作基本的解釋單位；也就是說，《列子》的這些章節共同組成了一個個的主題或語意脈絡，而這些章節的意旨必須被放到其所屬的脈絡之中加以理解。

其實，將研究對象的原始材料依照主題或語意脈絡區分成幾個範圍，是進行思想研究時常常使用的方法。以《列子》為例，其書中所表達的思想，顯然包括許多不同的議題和主張，研究者往往習慣將一些相類似或相關的章節及主張劃分在幾個主題之下，再將一些相關的主題放置在更大範圍的主題之下，如此重複進行，直到最後所有的議題都歸結在少數幾個範疇之下為止。最後，這將會成為一個金字塔型的議題結構，其中每一個下層的議題都統攝於上層議題之下。事實上，這是我們一般進行思想研究時都在使用的方法。但是，就《列子》的狀況來說，這樣做似乎也有困難：首先，既然如前面所說，不能預先將《列子》思想視為一個整體，則我們當然不能預設《列子》書中相關議題的章節可以被視為一體，它們可能相互矛盾、排斥。其次，基於同樣的理由，我們也不能預設《列子》中所提出的種種議題可以被安置在一個金字塔型的結構之下；因此，由結合下層議題歸結出上層議題的工作未必能順利進行。

本文的研究目的在於探究《列子》是否有「命定論」與「自由意志」的「二義乖背」問題，這本身就一項檢視《列子》思想體系是否自相矛盾的工作；因此對我們而言，自然不能先預設《列子》全書為一自相融貫的整體。另外，因為此「二義乖背」現象是《列子》整個思想體系的問題，並不只是「篇」與「篇」之間的矛盾關係而已，因此我們也無需採用「篇」來當作解釋的對象與範圍。然而，因為我們必須討論《列子》若干思想與概念，因此前面所說的這個最後的困難仍將困擾我們。另一方面，雖然我們不打算以「篇」作為解釋的單位，但是事實上《列子》有許多「篇」的範圍幾乎也就是某一「主題」的材料的範圍；〈力命〉篇與《列子》的「命」概念、〈楊朱〉篇以及《列子》對「如何選擇生活態度」的想法之間都有這樣幾乎等同的密切關係。對此，我們決定仍然以「主題」為解釋及研究的範圍；只是，為了方便

稱呼起見，我們仍然以〈楊朱〉篇為名來稱呼〈楊朱〉篇中的思想。在探討某一主題時，我們將儘可能考慮《列子》書中所有相關的材料，因為在尚未確定這些材料的說法相互矛盾之前，我們不應該先預設它們矛盾或是不矛盾；而它們究竟是否矛盾也必須在對它們進行探究之後才能確定。因此注意所有相關的材料是必要的。為了顧及篇與篇之間可能存在的差異以及這些材料之間可能存在的矛盾，我們也將儘量在討論時注意各種可能狀況。因此，我們將在討論「自生自化」時使用〈力命〉篇的相關資料；並且在討論「命」概念時一併考慮「自生自化」的機械論式解釋與目的論式解釋。

面對以上這些限制與困難，並不容易有清楚的解決方式，也沒有十全十美的研究方法；然而，若不採取這些方法，我們的工作將面臨更大的危機。我想，認識材料所給予的限制，以及我們的研究方法本身的缺陷，會使我們在研究《列子》思想的過程中更加謹慎及虛心。

第二章　自生自化說之內涵——《列子》 形上學思想之型態

　　今本《列子》中，有一部分篇章是討論關於存在物的種類及其關係、世界的本源、性質及其演化過程等等問題的。學者或將這部分思想稱爲《列子》的「天道觀」，而因爲這些部分所涉及的問題與西方哲學中「存有論」（本體論，ontology）及「宇宙論」（cosmology）之課題大致相當，而它們皆屬於「形上學」（metaphysics）之範圍，因此也有學者將這些思想稱爲《列子》的形上學。在此，筆者也使用此一辭語來指稱《列子》關於這些問題的看法。

　　在歷來對《列子》思想的研究成果中，對這些形上學思想的討論可謂大宗；然而，在此一領域中仍然有許多問題有待更進一步的深入剖析。一方面，就理論層面來說，《列子》「不生不化者」的說法要如何和「自生自化」的觀點相調合，學者們之間便沒有一致的意見；如果再考慮這二者和「太易、太初、太始、太素」之說之間的關係，問題將更爲複雜。因此之故，我們至今對《列子》究竟持何種形態的形上學理論，尚不能確定。另一方面，在許多較爲細部的問題上，一向缺乏較爲深入的探究，其中也有許多爭議有待解決。而事實上，在這些細部問題上的爭議又往往是在理論層面上造成歧異的原因。因此，我們有必要對這些細部問題進行較仔細的探索，並期望這些探索能帶來在理論層面上諸問題的解決。

　　對於我們的主旨——《列子》「命」概念意涵之探究而言，這些問題更有其重要性。這不只是因爲關於「命」之理論，不論它可能是「命定論」或是「宿命論」，根本上即屬於形上學思想之範疇，因此對它的討論本應由此角度

出發；更重要的是，《列子》的「命」概念事實上和「自生自化」之理論有極密切的關係，而正如剛剛所說，「自生自化」說在《列子》的形上思維體系中，正是一個待解的巨大謎題。

第一節 「不生不化者」和「自生自化」的矛盾

在《列子》的形上學思想中，最令人感到好奇與困惑的，莫過於《天瑞》篇一開始的這一段話：

> ……其言曰：有生不生，有化不化。不生者能生生，不化者能化化。生者不能不生，化者不能不化。故常生常化。常生常化者，無時不生，無時不化。陰陽爾，四時爾，不生者疑獨，不化者往復。往復，其際不可終；疑獨，其道不可窮。《黃帝書》曰：「谷神不死，是謂玄牝。玄牝之門，是謂天地之根。綿綿若存，用之不勤。」故生物者不生，化物者不化。自生自化，自形自色，自智自力，自消自息。謂之生化形色智力消息者，非也。（〈天瑞〉）

雖然此處尚有許多概念在解釋上尚有爭議，但是學者們都承認在這段文字的前半部，《列子》提出了「不生不化者」和「生化者」之區別，並且前者正是後者之根源。《列子》在此明白地指出「不生者能生生，不化者能化化」，就此來說，這顯然主張有某種本身「不生不化」的存在，它造成了一切生化現象。就文字使用上來說，《列子》用「生」、「化」來說明「不生不化者」和「生化者」之間的關係：前者「生」、「化」後者；它並引用《黃帝書》來說明事實上「不生不化者」的「天地之根」之地位。這樣的說法認為：一切生化現象有一個在生化現象之外的原因。然而，就在這段文字的後半，《列子》卻像是完全否認前面所說過的話似的，聲稱「故生物者不生，化物者不化。自生自化，自形自色，自智自力，自消自息。謂之生化形色智力消息者，非也」。從這句話看來，似乎《列子》又認為一切生化現象都是以自身為原因而「自生自化」的，並沒有外在原因使之「生化形色智力消息」。這豈不是自相矛盾？

基於《列子》本身的成書背景，雖然我們不必先預設《列子》思想必然會形成一個相互融貫的體系，而應當承認它們之間有相互矛盾的可能，但是以此處的狀況來說，卻很難用這個理由來加以說明。在此，形式上相互矛盾的兩種主張並存在同一段文字中；而就整段文字來看，不但所談的是同一主題，而且全文語氣連貫，沒有理由設想它們不屬於同一個語意脈絡。在這種

情況之下，不禁讓人認爲：《列子》的主張應該是某種能夠統合這兩種說法的理論。從另一方面來說，一個詮釋者應該盡可能將原典講「通」，避免輕率地斷定古人有錯誤。因此，我們總希望能有什麼方法來解決這個「矛盾」才好。

　　一種可能解決的方法，是由原文訓解的方式，來消弭這個矛盾。趙雅博認爲：「自生自化，自形自色，自智自力，自消自息」說明的是「不生不化者」「自己是自己的根本，自己是自己的形色，自己是自己的能力，自己是自己的消息」；〔註1〕如此一來，「自生自化」的說法只是表明「不生不化者」獨立自存、不假於物而已，當然不存在任何矛盾。這個解釋，事實上等於將「自生自化」說消解掉，只承認「不生不化者」的說法。然而，雖然「自生自化」這十六個字可以被這樣解釋，但是從上下文來看，這種訓解法卻有幾個困難：(1)、這種解釋法將「自生自化」中的「生、化」解成名詞，因而和前文「不生不化者」之「生、化」詞意不同；但是此處自生自化之說緊接在「生物者不生，化物者不化」之後，似乎沒有改變字詞用法的可能。(2)、從形式上來看，既然前文已經使用「不生、不化」來形容「生物、化物者」，何以此處又用「生、化」來形容它？(3)、假如這十六字如此解釋，則下文的「謂之生化形色智力消息者，非也」又應如何解釋？是說「自己不是自己的根本」嗎？由此看來，這個方法似乎有其困難。

　　因此，或許應該從理論層面的高度來探求解決矛盾的方法。最典型的說法有以下幾種：周紹賢認爲，這可以用「天道無爲而無不爲」來解釋：「天地之根至幽至微，綿綿若存，不可測度，而其功用無盡；其本身不生不化，而運用自然玄妙之功能使萬物自生自化，其無爲之德，無象無跡，若謂生化形色智力消息，乃天道有所爲，故意使之而然，非也！」〔註2〕據此，則所謂不生不化者「生化」萬物之功能，其實只是它本身無所爲，而放任萬物「自生自化」而已。因此，眞正實際存在的「生化」作用便只是萬物的自生自化，事實上，「不生不化者」並不「生化」萬物。另一種看法是：「不生不化」者就是「自然本身」。嚴靈峰認爲：「一切皆由自生自化、自形自色、自智自力、自消自息。這些都是『自然』的本性。自然本身是不生不化，所以，能生生化化。能常生常化。」

〔註1〕趙雅博：〈列子的思想〉，《華學月刊》第 140 期（民國 72 年 8 月），頁 4；又，莊萬壽在其〈列子新證——列子與黃老學派思想的關係〉〔《師大學報》第 30 期（民國 74 年 6 月），頁 427〕一文中，也認爲「自生自化」是指「不生不化者」而言，不過他認爲「不生不化者」實際上就是自然之道。

〔註2〕周紹賢：《列子要義》（臺北，臺灣中華書局，民國 72 年），頁 22。

〔註3〕根據此一說法,「自然」即「不生不化者」,而「自然」的本性也就是「自生自化」;如此一來,「不生不化者」和「自生自化」便等同起來,不再有矛盾。由此一說法引申來看,這可以說是將「不生不化者」虛位化,根本上只有「自生自化」是實在的,而所謂「不生不化者」不過是說這個「自生自化」的「自然」本身是不生不化的而已。也就是說,「不生不化者」可以被化約成對「自生自化」的一種形容辭語。比較這兩種說法,可以發現他們都認為只有「自生自化」是實際存在的,而主張將「不生不化者」或其「生化」作用消解掉。不同之處在於:根據周紹賢之說,雖然「不生不化者」並不實際地「生化」萬物,但是「不生不化者」總是一個獨立於萬有之外的存在;但推演嚴靈峰的說法,可以說「不生不化者」只是這萬有的「自生自化」之自然而已。顯然問題的關鍵便在於《列子》所說的「不生不化者」及其「生化」作用究竟是何意指。進一步想,假如《列子》果真認為只有「自生自化」是實際的生化作用,則為何還要提出有一個「不生不化者」生化萬物的說法?

另一方面,也有截然相反的看法。蕭登福認為:「所謂的『自生』,在《列子》書中它有兩層涵義:一是自然而然,一是不得不然。」因此,「列子的『自生』乃是用來解說萬象生化的狀態;以為道生物,物剎那變化,都是自然而然,且不得不然的。『自生』僅在解釋生化的現象,並不涉及宇宙萬有的起源問題。……本體是自然而然化生萬物,並無主宰者;萬物亦自然而然起變化,並無制之者;這一切都是在自然而然且不得不然的狀態下進行的,此為列子所謂之『自生』。」〔註4〕這和前面周、嚴二人之說正好相反,是由限制「自生自化」的意涵出發,認為「不生不化者」之「生化」萬物的作用才是實際的生化作用,而「自生自化」只不過是說這個過程是「自然而然且不得不然」的而已。根據此一說法,「自生自化」便不具有真正「生化」作用之意涵,而僅是某種形容詞性質的辭語。

另外,還有不同的說法。李季林認為:「列子的『無』只是『有』產生、存在的前提和依據,並不是源。有之為有,是自有而不得不有的。」〔註5〕牟鍾鑒認為:「『生物者』、『化物者』不是一種實際的存在,只是一種邏輯的存

〔註3〕 嚴靈峰:《列子辯誣及其中心思想》(臺北,文史哲出版社,民國83年),頁127。

〔註4〕 蕭登福:《列子探微》(臺北,文津出版社,民國79年),頁61、63、68。

〔註5〕 李季林:〈論《列子》的有無、名教自然觀〉,《孔孟月刊》第35卷第10期(民國86年6月),頁36。

在，它的特點是非物性。它並非造物主，因為造物主亦是一種物。它不能具體地生化萬物，它與萬物只是理論上的依存關係。『生物者』、『化物者』以其不生不化而成就萬物之自生自化，假如它真的能生能化則仍不外是一物，便失去了其非物性，同時也喪失了作為萬物生化之本的地位。說萬物『自生自化，自形自色，自智自力，自消自息』，並非否定具體事物之間的轉化、衍生，而是否定萬物生於一個共同的原始物。」他又說：「《列子》這樣說，是為了劃清宇宙本體論和宇宙發生論之間的界限，前者是關於宇宙層次關係的理解，後者是對宇宙實際過程的描述。有以無為本決不等於有生於無。」〔註6〕據此，則不但「不生不化者」並不實際地生化萬物，所謂「自生自化」也只不過是說萬物並非生於一外在的根源而已，事實上萬物也並非「自生自化」的，它們彼此之間仍有相互生化的關係存在。

　　上述各種說法之間差異如此之大，觀此，可知學者們對《列子》究竟持何種理論尚無定論。然而這個問題卻有絕對的重要性。《列子》究竟是否認為有獨立於萬象之外的存在？若有，它是怎樣的存在？它和世界萬有的關係如何？是否認為它是萬象生化之源？還是《列子》認為只有世界萬有存在，它自身便是自己的根源？世界萬物都是以自己為原因，獨立地生滅變化嗎？還是在各別事物之間，有因果關係的聯繫？各個事物的生滅變化是必然的嗎？還是偶然的呢？這些都是一套形上學思想所要關心的，尤其最後一個問題，更直接涉及對《列子》「命」概念的內涵之解釋；而它們都和「不生不化者」與「自生自化」的問題息息相關。而無法在這個問題上取得共識，這意味著我們還不能確定《列子》的形上學思想的型態與內容。然而，由上述諸說的例子可知，要解決這個問題，必須由探討許多概念，例如「道」、「不生不化者」、「生、化」、「自生自化」等等的內涵入手。

第二節　「不生不化者」概念之初步分析：《列子》存有論思想中「存在」之區分

　　首先，我們先來檢視《列子》關於「不生不化者」的看法。正如前面所說，《列子》是經由說明「不生不化者」和一般「生化者」之不同來提出這一

〔註6〕任繼愈主編：《中國哲學發展史（魏晉南北朝）》（北京，人民出版社，1988年），頁267～268。

概念的；而〈天瑞〉篇中，也另有一些章節提到類似的區別：

> 子列子曰：「天地無全功，聖人無全能，萬物無全用。故天職生覆，
> 地職形載，聖職教化，物職所宜。然則天有所短，地有所長，聖有
> 所否，物有所通。何則？生覆者不能形載，形載者不能教化，教化
> 者不能違所宜，宜定者不出所位。故天地之道，非陰則陽；聖人之
> 教，非仁則義；萬物之宜，非柔則剛；此皆隨所宜而不能出所位者
> 也。故有生者，有生生者；有形者，有形形者；有聲者，有聲聲者；
> 有色者，有色色者；有味者，有味味者。生之所生者死矣，而生生
> 者未嘗終；形之所形者實矣，而形形者未嘗有；聲之所聲者聞矣，
> 而聲聲者未嘗發；色之所色者彰矣，而色色者未嘗顯；味之所味者
> 嘗矣，而味味者未嘗呈：皆無爲之職也。能陰能陽，能柔能剛，能
> 短能長，能員能方，[註7] 能生能死，能暑能涼，能浮能沉，能宮
> 能商，能出能沒，能玄能黃，能甘能苦，能羶能香。無知也，無能
> 也，而無不知也，而無不能也。」(〈天瑞〉)

在此，《列子》指出一般的事物，諸如天、地、聖人、萬物等都是「有限」的
存在。一方面，它們的存在有一定的「規定性」，在功用和運作有一定的限度，
只能在自身角色所限的範圍內，發揮固定的作用；另一方面，這些世界萬象
的存在不是永恆的，它們終有消逝的時候。因此，在這個意義上，它們都是
「有限」的存在：它們作爲一具體的殊別事物，被限制在一定的時空條件之
下，被自己角色的規定性所限制，只能「隨所宜而不能出所位」。然而，《列
子》指出，在這些有限的存在之外，有一種完全不同的存在。一方面，它並
不像其他有限的存在一樣，在所扮演的角色和所發揮的功能上有所限制，它
是「能陰能陽，能柔能剛，能短能長，能員能方，能生能死，能暑能涼，能
浮能沉，能宮能商，能出能沒，能玄能黃，能甘能苦，能羶能香」的；另一
方面，這裡又說「生之所生者死矣，而生生者未嘗終；形之所形者實矣，而
形形者未嘗有；聲之所聲者聞矣，而聲聲者未嘗發；色之所色者彰矣，而色
色者未嘗顯；味之所味者嘗矣，而味味者未嘗呈」，也就是說，它並不像這些
有限的存在一樣，必須表現爲被限制的特定形象，並在特定的時空條件中呈
現；在此意義上，可以說它是超越時空限制的。如果說一切世界萬象都是被

〔註7〕「員」字據《正統道藏》本作「圓」；見嚴靈峰編輯：《無求備齋列子集成》
第 1 冊（臺北，藝文印書館，民國 60 年）。

規定的「有限」的存在，則此一存在似乎可說是「無限」的存在。〔註8〕這種區分可以說是《列子》「存有論」思想的基本形態。〔註9〕

那麼，「無限」的存在和「有限」的存在之間的關係如何？《列子》似乎認爲，前者是比後者更爲基本的東西。它指出：「故有生者，有生生者；有形者，有形形者；有聲者，有聲聲者；有色者，有色色者；有味者，有味味者。」這些「生、形、聲、色、味者」是有限的存在；有限的存在被限制於特定的時空條件之下，而只能表現出各自被限定的「生、形、聲、色、味」等等形態。而此一無限的存在不但不受限於這些條件，它還是諸般有限存在的「根源」。據《列子》之說法，各有限存在之所以是如此這般的生、形、聲、色、味之存在，乃是無限存在使之如此。然而，問題在於，此處所謂「無限存在作爲諸有限存在之根源」之確切意義是什麼。就此處的敘述來看，《列子》說無限存在是「生生者」、「形形者」、「聲聲者」、「色色者」、「味味者」；一般的理解是，這裡五個疊字複詞的上字都是動詞，其意爲「產生」，因此，它們應該被理解爲「產生生命的」、「產生形象的」、「產生聲音的」、「產生顏色的」、「產生氣味的」之意。〔註10〕若是如此，則無限存在和有限存在之間的根源關係便是「生成」的關係：由無限存在生成了各種有限的存在。然而，是否有其他可能的解釋？若先不考慮「生生者」的可能含意，只就其餘四組複詞來看，則它們似乎也可以被理解成例如「使形象成爲形象的」、「使聲音成爲聲音的」、「使顏色成爲顏色的」、「使氣味成爲氣味的」這樣不包含「生成」關係的詞句；也就是說，在此其實也可以完全不用「生成」的概念來解釋這

〔註8〕「規定性」是學者們在討論魏晉玄學時常常使用的概念，它是「此物之所以爲此物者」的意思（見湯一介：《郭象與魏晉玄學》〔臺北，谷風出版社，年代不詳〕，頁63）。一般的事物具有一定的「規定性」，它只能是如此的存在而不能是其他不同的存在。因此「規定性」可以被視爲是一個如此這般的存在和其他諸不同存在之間的「界限」。擁有一定「規定性」的存在，其存在的樣態既然受到限制，因此，可以說它「有限存在」；相反地，一個沒有「規定性」的存在，便是「無限存在」。

〔註9〕在西方哲學中，「存有論」（ontology）是指以存有（being）爲主題的學科，其研究課題包括「存在（existence）的本性」及「實是（reality）的範疇性結構」等等。（見 Ted Honderich（ed.）The Oxford Companion To Philosophy.（Oxford and New York, Oxford University Press, 1995.）p.634）或譯「本體論」。

〔註10〕當代幾種注解本，如莊萬壽：《新譯列子讀本》（臺北，三民書局，民國85年）；蕭登福：《列子古注今譯》（臺北，文津出版社，民國79年）；嚴北溟、嚴捷：《列子譯注》（臺北，書林出版有限公司，民國84年），都採用這種譯解方式。

些詞句。同樣地,「生生者」也可以解釋成「使生命成為生命的」,而不必引入「生成」概念。若是如此,則無限存在和有限存在之間的根源關係,便不一定非得是生成關係不可,無限存在可以僅只在「使有限存在成為如此這般的有限存在」的意義上為有限存在的根源;這似乎就是李季林、牟鍾鑒的主張。〔註 11〕然而,僅就此處的原文資料來看,尚無法判定那一種關係是《列子》所主張的。

事實上,關於無限存在和有限存在之關係的問題,也影響到我們對無限存在本身的認識。假如無限存在確實「生成」有限存在,則顯然無限存在必定是獨立於眾有限存在之外,並且在時間上先於諸有限存在的另一物。而既然它是能生化出其他東西的獨立存在,則把它視為是某種「實體」似乎便是合理的。相反地,如果無限存在的作用僅是使有限存在成為如此之存在,則它便不必然要在時間順序上先於眾有限存在,它也可能只是某種像「律則」或「原理」之類的東西。而且,如果它僅僅是某種律則或原理,則設想它僅僅是由諸有限存在抽象出來的法則,並不獨立於世界萬象之外,也不是不可能的。

另外,當我們說「無限存在作為諸有限存在之根源」時,此處的有限存在是指所有「個別」有限存在之集合呢?還是說它是指有限存在「全體」而言?若是前者,則無限存在是每一個有限存在的直接根源;若是後者,則無限存在僅僅是有限存在「全體」之根源,未必和個別存在有直接的關係。嚴北溟、嚴捷認為:在「生之所生者死矣,而生生者未嘗終」以下這五組形式相同的語句中,事實上包含了三個存在物的層次。以第一句為例,「生」指生命,「所生者」指具體的生物,「生生者」指萬物的本根。〔註 12〕若是如此,有限的存在還可以區分成兩類:一種是具體的個別存在物,一種則是像生、形、聲、色、味這種像「共相」之類的抽象存在。這似乎是說,「不生不化者」是這些個別有限存在的「直接原因」。然而,既然我們可以將「生生者」、「形形者」、「聲聲者」、「色色者」、「味味者」都視為是對同一「無限存在」之形容,則我們其實也可以將「生者」、「形者」、「聲者」、「色者」、「味者」都視為是對整個「有限存在」的形容,而不必是個別的抽象有限存在。在此意義下,「有限存在」可以是指所有有限存在之「全體」而言。也就是說,當我們

〔註 11〕同 5.、6.。
〔註 12〕嚴北溟、嚴捷:《列子譯注》(同 10.),頁 5。

說「不生不化者是有限存在的根源」時，此處的「有限存在」也可以是有限存在之「全體」，而不必所有個別有限存在之集合。由此看來，究竟無限存在在何種意義下作為諸有限存在之根源，仍然不能確定。

此外，《列子》在談論無限存在和有限存在的關係時，指出「生之所生者死矣，而生生者未嘗終；形之所形者實矣，而形形者未嘗有；聲之所聲者聞矣，而聲聲者未嘗發；色之所色者彰矣，而色色者未嘗顯；味之所味者嘗矣，而味味者未嘗呈：皆無為之職也。」在此《列子》指出無限存在可以超越時空條件的限制。然而，《列子》卻又對這此加上一句說明：「皆無為之職也」，這似乎是說，無限存在之所以能夠如此，都是因為「無為」的緣故。〔註13〕又，最後在說明無限存在「能陰能陽，能柔能剛，能短能長，能圓能方……」之後，《列子》也加上了「無知也，無能也，而無不知也，而無不能也」這一句話。這些似乎也表明「無知」、「無能」是無限存在之所以能有如此性徵之原因。由此看來，「無為」、「無知」、「無能」是無限存在者的重要性質。

回到〈天瑞〉篇首章對「不生不化者」的描述：

> ……其言曰：有生不生，有化不化。不生者能生生，不化者能化化。生者不能不生，化者不能不化。故常生常化。常生常化者，無時不生，無時不化。陰陽爾，四時爾，不生者疑獨，不化者往復。往復，其際不可終；疑獨，其道不可窮。《黃帝書》曰：「谷神不死，是謂玄牝。玄牝之門，是謂天地之根。綿綿若存，用之不勤。」故生物者不生，化物者不化。自生自化，自形自色，自智自力，自消自息。謂之生化形色智力消息者，非也。〈天瑞〉

正如前面已經提到的，在此《列子》仍然強調兩種不同存在之間的區別。雖然「有生不生，有化不化」這兩句在解釋上有分歧，但是顯然此處《列子》所提出的是「不生者」、「不化者」和「生者」、「化者」這兩種存在之不同。而比較「不生者能生生，不化者能化化」和前文「有生者，有生生者；有形者，有形形者……」的說法，可以知道此處「不生不化者」與「生化者」的區別是和前面「無限存在」與「有限存在」的區分相對應的，只不過在此《列子》由生化現象的角度來論述它們之間的不同。《列子》指出：世界萬象總是處於不停生成

〔註13〕嚴靈峰認為，張湛注此稱「至無者，故能為萬變之宗主也」，故此處應讀為「皆『無』為之職也」（見嚴靈峰：《列子辯誣及其中心思想》〔同3.〕，頁128。）。但由注文來看，「至無」應該是「無為」之形容。

變化之流轉中，它們都是「常生常化」、「無時不生，無時不化」的「生化者」。
然而，就在這些生化現象之外，另有不屬於生化現象範圍的另一種存在；「不生
不化者」自身並不處於生化流轉中，它是不生不化的。關於這個「不生不化者」，
《列子》說它「不生者疑獨，不化者往復。往復，其際不可終；疑獨，其道不
可窮」。雖然此處關於「疑獨」之「疑」字諸家注解有所不同，但是一般都認為
「疑獨」是指「不生不化者」具有能獨立自存的特質；若是如此，我們前面所
遭遇到的「無限存在是否獨立於眾有限存在」之問題似乎便有了解答。另一方
面，由「不化者往復」來看，「不生不化者」本身具有某種「往復」的性質，這
似乎是說它本身處在一種往復循環的運動狀態之中。

　　「不生不化者」是生化現象的根源。在此，「不生者能生生，不化者能化
化」這兩句話也如同前面提到的「生生者」、「形形者」一樣，有相同的多種
解釋的問題。單獨來看，由於上下文中「生」、「化」二字用法的影響，我們
很自然地會認為不生不化者和生化現象之間的「生」、「化」便是動詞意義的
「生成變化」之意；如此一來，不生不化者與生化者之間便是「生成」關係。
然而，若考慮「生生者」、「形形者」的例子，則這兩句話也可以解釋成「不
生者能使生者為成為生者」、「不化者能使化者為成為化者」，那麼，不必引進
生成概念也能說明何以「不生不化者」會是生化現象的根源。其下《列子》
引用《黃帝書》來說明不生不化者是「天地之根」，然而這也還是不能顯示究
竟《列子》對於「不生不化者」和「生化者」之間關係的真正看法。

> 《黃帝書》曰：「形動不生形而生影，聲動不生聲而生響，無動不生
> 無而生有。」形，必終者也；天地終乎？與我偕終。終進（盡）乎？
> 不知也。道終乎本無始，進（盡）乎本不久（有）。有生則復於不生，
> 有形則復於無形。不生者，非本不生者也；無形者，非本無形者也。
> 生者，理之必終者也。……（〈天瑞〉）〔註14〕

這段除了談到「本不生者」、「本無形者」之外，還涉及「道」、「無」、等等概
念；並且，從上下文來看，可以知道這些概念是彼此相通的。首先，就「道」
而言，在此《列子》也是用類似的存在區分來說明。存在物可以分成兩種：
凡是有「形」之物，它們並不能永恆存在，即使像天地這樣大尺度的存在也
必然有不再存在的一天；然而，「道」卻和有形之物不同，它並非有形的存在。

〔註14〕依張湛等人之說，本段文字中之「進」當為「盡」，「久」當為「有」，見楊伯
　　　　峻：《列子集釋》（北京，中華書局，1996年），頁18～19。

「道終乎本無始，進乎本不有」這兩句，各家注解都認為這是說「道」是沒有終結的。「道終乎本無始」顯然是說「道」的存在本無所謂開始，因此自然也沒有結束與否的問題；這是指「道」的存在不須要一定的時間背景，而超越於時間條件之外。至於「進乎本不有」則解釋上較有問題，關於「不有」究竟何指眾說頗有不同。純由形式上來看，「道」雖然是和一般事物不同的存在，但是它也應該是「存在」而非「不存在」，因此「不有」二字顯然不應解釋成不存在之意。在前面提到的《列子》原文中，有「形之所形者實矣，而形形者未嘗有」之語，是說無限存在和有限存在不同，它在作為有限存在之根源的同時，並不像有限存在那樣必須在特定的時空條件下展現。此處「進乎本不有」似乎也可以被如此解釋。無論如何，顯然「道」是與一般存在物完全不同的存在，它的存在超越特定的時空條件，因而無所謂始終。這些說法和「無限存在與有限存在」、「不生不化者和生化者」之劃分正相呼應，只不過此處強調的是存在的永恆與否之差別。其次，就「無」和「有」這對概念來說：《列子》指出「無動不生無而生有」；假如此處對「有」的解釋同上，則「無」正可以說是毋須在時空條件下呈現之無限存在。順此，無限存在又是有限存在的根源；並且，「無」具有某種「動」的狀態，並在此狀態下產生「有」，這正可和前面「不化者往復」之說法相印證。這些都說明「無」、「有」這對詞彙也是《列子》存有論劃分的另一種表達方式。

另外，是「本不生者」、「本無形者」的問題。關於「有生則復於不生，有形則復於無形。不生者，非本不生者也；無形者，非本無形者也」，在解釋上也有爭議。由整段文字的脈絡來看，這裡的「有生」、「不生者」、「本不生者」等概念應該和前面所說《列子》對存在的區分有關，「有生」、「有形」自然是指一般生化的有限存在而言，然而其餘概念究竟如何對應，學者們便有不同的看法。一種說法是：「不生」、「無形」便是不生不化的無限存在；而「有生則復於不生，有形則復於無形」則說明了有生有形之物「復歸」於不生不化者的運動：它們由不生不化者創生出來，終將變滅而歸返於這無形之道。〔註15〕然而，若不生無形者已是「道」，則究竟什麼是「本不生者」、「本無形者」，而它和「道」又有何不同便不好解釋。另一種可能是：「有生則復於不生，有形則復於無形」僅僅是說有生有形之物終究會停止存在而喪失其「生」和「形」。而有生有形之物

〔註15〕如趙雅博：〈列子的思想〉，（同 1），頁 5；蕭登福：《列子探微》（同 4.），頁61～62；皆主此說。

不再存在之後的所謂「不生」、「無形」狀態，並不是無限存在的不生無形，不應該將它們混淆不分。﹝註16﹞考慮這兩種說法，看來後者的解釋似乎較無問題，而且其中強調有生有形之物必將終結的說法也和上下文的主旨較能相合。因此，在無其他證據支持的情況下，我們對於有形的存在向道「復歸」的說法只能存疑了。無論如何，此處的說法仍反應了《列子》一貫的存在區分方式。

另外，〈周穆王〉篇有一段資料可爲此章之補充：

> ……有生之氣，有形之狀，盡幻也。造化之所始，陰陽之所變者，謂之生，謂之死。窮數達變，因形移易者，謂之化，謂之幻。造物者其巧妙，其功深，固難窮難終。因形者其巧顯，其功淺，故隨起隨滅。知幻化之不異生死也，始可與學幻矣。吾與汝亦幻也，奚須學哉？……（〈周穆王〉）

此處提到「有生」、「有形」之存在，都處在造化陰陽之流變中，而「隨起隨滅」。這種流變的表現便是「生」、「死」、「幻」、「化」的現象。因此，這些有生有形的存在並非永恆。然而，《列子》在此也提到「造物者」，它和這些「隨起隨滅」的短暫存在物不同，是「難窮難終」的。此處，區分兩種存在的方式並無不同，但是由《列子》在此處以「造物者」來稱呼無限存在的語氣來看，似乎無限存在確實是獨立並先於眾有限存在的。

關於《列子》對「不生不化者」的看法已經討論如上。在綜合出結論之前，或許我們可以先來討論一下，在前面一節我們曾經提到過的一些學者們對此問題的看法。牟鍾鑒說：「『生物者』、『化物者』不是一種實際的存在，只是一種邏輯的存在，它的特點是非物性。它並非造物主，因爲造物主亦是一種物。它不能具體地生化萬物，它與萬物只是理論上的依存關係。『生物者』、『化物者』以其不生不化而成就萬物之自生自化，假如它真的能生能化則仍不外是一物，便失去了其非物性，同時也喪失了作爲萬物生化之本的地位。」﹝註17﹞也就是說，既然「不生不化者」和「生化者」之間的不同便在於不生不化者「不生不化」而生化者「生化」，若不生不化者「生化」生化者，則不生不化者便擁有「生化」之特質，而成爲生化者了，這將與不生不化者之爲不生不化者的界定矛盾。然而，仔細察究這個主張，便可以發現這恐怕是混淆「生化」一詞在此處的不同含意的結果。根據我們對原文的分析，可

﹝註16﹞張湛《注》可爲此一意見之代表，見楊伯峻：《列子集釋》（同 14.），頁 19。
﹝註17﹞同 6.。

以知道「不生不化者」和「生化者」之區分在於：生化者是處於不停生成變化流轉中的生化現象，而不生不化者則否。而「不生者能『生』生，不化者能『化』化」雙括號中的「生化」，根據分析，其意涵或許便是動詞意義的「生成變化」，也可能是「使有限存在成爲如此這般的有限存在」之意；但無論如何，此「生化」和彼「生化」意義全然不同。就算不考慮這兩種「生化」意義上的不同，僅僅由它們的詞性上的不同，便不應將它們混同起來。因此，「不生不化者」能「生化」「生化者」的說法事實上並不矛盾；設想一個非生化現象的某存在能「生化」出一切生化現象，這樣的說法並無不合理之處。牟鍾鑒的說法，事實上，是受張湛《注》所引向秀《莊子注》說法之影響。向秀認爲：「若使生物者亦生，化物者亦化，則與物俱化，亦奚異於物？」〔註18〕然而我們可以發現此處的「生」、「化」二字也有類似的歧義，因此不應該將其混淆。另外，關於『『生物者』、『化物者』不是一種實際的存在，只是一種邏輯的存在」之說亦然；設想一種「實際的存在」，也許是某種實體類型的存在，而不屬於生化現象之範疇，事實上也並無不合理之處。

　　其次，關於將「不生不化者」虛位化的說法：基於以上對「不生不化者」概念的分析，我們知道《列子》確實認爲「不生不化者」是某種和世界萬象全然不同的存在，甚至可能是獨立並先於一切萬象的存在。因此，除非有其他的證據或理由，否則將「不生不化者」化約掉的解釋方式將很難爲我們所接受。

　　我們的結論如下：

　　（一）《列子》認爲：有兩種不同的存在，一種是有形的、處於不停生成變化之流轉之中、終究要消逝的、只能短暫存在的生化現象，它們是被限制必須在一定的時空條件下呈現，而只能發揮有限功能的、被一定規定性所限制的「有限存在」；相對於此，有另一種無形的存在，它的存在不需要在一定的時空背景下呈現，在此意義下，它是永恆的存在，不屬於生化流轉現象的範疇。它是不被時空條件限制其存在和功能的「無限存在」；《列子》用「不生者」、「不化者」或「生生者」、「形形者」、「聲聲者」、「色色者」、「味味者」或「無」或「道」來稱呼它。

　　（二）由《列子》文意看來，「不生不化者」應該獨立自存並先於眾有限存在而存在；然而，它究竟是何種型態的存在仍不清楚，可能是某種實體，

_____

〔註18〕同 14.，頁 4。

也可能是像律則或原理之類的存在。另外,「無爲」是「不生不化者」之所以爲無限存在的重要特質,但是對於「無爲」的內容亦不清楚。「不生不化者」具有無限「往復」運動的特質。

　　（三）「不生不化者」的往復運動使它自身成爲有限存在的根源。對此有兩種可能的解釋:一是不生不化者確實「生成」有限存在,一是不生不化者僅僅在「使有限存在成爲如此這般的有限存在」之意義下扮演根源的地位。另一方面,所謂「不生不化者是有限存在的根源」究竟是說它是一切個別有限存在的根源,還是說它只是有限存在「全體」的根源,也尚不清楚。

第三節　《列子》「道」概念與形上學思想之關係

　　以道家的觀點來看,上述關於無限存在的諸般說法似乎和《老子》書中的「道」概念相似;又,在上節所引用的一段資料中,《列子》也將「道」視爲「不生不化者」的同義語。因此,我們不禁要問:此一等同的用法是否只是孤立的現象?還在《列子》書中,「道」和「不生不化者」確實是等同的概念?如果它們確是相等同的,則我們便增加了許多關於「不生不化者」的資料。事實上,有許多學者處理《列子》「不生不化者」之概念時,已直接將它稱爲「道」,並且將《列子》討論「道」和「不生不化者」的篇章不加區別地混雜處理。因此,似乎有必要檢視一下「道」這個道家首出的重要概念在《列子》書中是否和形上學的範疇相關,它是否等同於「不生不化者」?

　　在《列子》書中,「道」除了在各個特定脈絡下擁有特殊意義之外,它也被用來表示「道術」、「道理」等等較普遍的意義。雖然在這些方面的「道」可能具有極豐富的意蘊,但在此我們只能把焦點放在幾處被認爲與《列子》形上思想相關的章節上,來看這些材料是否對解決「不生不化者」與「自生自化」之間的問題有所幫助。首先是〈仲尼〉篇:

> 無所由而常生者,道也。由生而生,故雖終而不亡,常也。由生而亡,不幸也。有所由而常死者,亦道也。由死而死,故雖未終而自亡者,亦常也。由死而生,幸也。故無用而生謂之道,用道得終謂之常;有所用而死者亦謂之道,用道而得死者亦謂之常。季梁之死,楊朱望其門而歌。隨梧之死,楊朱撫其尸而哭。隸人之生,隸人之死,眾人且歌,眾人且哭。(〈仲尼〉)

這段文字向來注解不一。事實上,問題的關鍵便在於「無所由而常生者,道

也」和「有所由而常死者，亦道也」之中的「道」字之解釋方向。看來似乎有兩種可能：一是將此處的「道」解釋成某種與人的修養、行爲相關的「道術」或「道理」，一是將它解釋成某種在形上學脈絡下的、和人的實踐無關的、客觀存在的「道」。幾種古注之中，張湛《注》可算是前者的代表，他注「無所由而常生者，道也」說「忘懷任遇，通亦通，窮亦通，此聖人之道者也」，這是將「道」解釋成某種道術；在注解「有所由而常死者，亦道也」處則說「行必死之理，而之必死之地，此事實相應，亦自然之道也」，這則是將「道」解釋成某種「道理」。〔註19〕無論是道術還是道理，此種解釋都和形上學之範疇無關；事實上，張湛完全是以修身養生的角度來注解這一章的。除了張湛《注》之外，范致虛《解》和江遹《沖虛至德眞經解》的說法雖然在內涵上有所不同，但也採取此一路向。相反地，宋徽宗的《沖虛至德眞經義解》認爲「道獨存而常今，亦無往而不存。獨存而常今，故曰無所由而常生。無往而不存，故曰有所由而常死」，將道視爲某種永恆的存在，這則是以形上學的角度來理解這一章。〔註20〕當代的注解仍然表現出類似的差異：莊萬壽和蕭登福傾向前者，嚴靈峰、嚴北溟、嚴捷等人則傾向後者。〔註21〕由原文看來，這兩種解釋方向都是可能的，不能確定何者是《列子》之原意。

就算我們假設「形上學解釋」這個方向是對的，形式上，「無所由而常生者，道也」和「有所由而常死者，亦道也」仍然有兩種可能的解釋方式：一是「無所由而常生者」和「有所由而常死者」所指稱的對象就是「道」；另一種可能是，「無所由而常生者」和「有所由而常死者」另有其所指的對象，只不過此對象本身「無所由而常生」和「有所由而常死」的現象是屬於或合乎「道」的。而根據道家的基本立場，很難說明何以「道」本身會「有所由而常死」，故此處似應取後者之解釋方式。而「無所由而常生者，道也」和「有所由而常死者，亦道也」兩段對比成文且句式相同，因此這兩句應該採用相同的解釋方式。若是如此，則這段文字並未直接告訴我們「道」本身之性質，

〔註19〕同 14.，頁 130。

〔註20〕所引各家古注，見蕭登福：《列子古注今譯》（臺北，文津出版社，民國 79 年），頁 368～371。

〔註21〕見莊萬壽：《新譯列子讀本》（同 10.），頁 142；蕭登福：《列子古注今譯》（同 20.），頁 371～372；嚴靈峰：《列子辯証及其中心思想》（同 3.），頁 129；嚴北溟、嚴捷：《列子譯注》（同 10.），頁 95、109。

只說明了「無所由而常生」和「有所由而常死」是合於道的。因此，就算這段文字中的「道」確實是形上學意義的，它所能告知我們的「道」的資訊也很有限。

> 關尹喜曰：「在己無居，形物其箸。其動若水，其靜若鏡，其應若響。故其道若物者也。物自違道，道不違物。善若道者，亦不用耳，亦不用目，亦不用力，亦不用心。欲若道而用視聽形智以求之，弗當矣。瞻之在前，忽焉在後；用之彌滿六虛，廢之莫知其所。〔註22〕亦非有心者所能得遠，亦非無心者所能得近。唯默而得之而性成之者得之。知而亡情，能而不爲，眞知眞能也。發無知，何能情？發不能，何能爲？聚塊也，積塵也，雖無爲而非理也。」（〈仲尼〉）

在此，也有相同的問題。從「物自違道，道不違物」、「瞻之在前，忽焉在後；用之彌滿六虛，廢之莫知其所」等等描述來看，此處的「道」似乎是某種和「物」相對反，而且超越時空、不能被耳目感官認知的存在。就此來說，這裡所談的似乎是形上學的問題。然而，從全段文字來看，似乎全是與修養工夫相關的問題：一開始談的是「在己無居，形物其箸」的工夫，中間談的是如何得「道」，最後是關於「無爲」的討論。重要的是，從「在己無居，形物其箸。其動若水，其靜若鏡，其應若響。故其道若物者也」這樣的敘述來看，若此處「故其道若物者也」之「若物」就是指前面「在己無居，形物其箸」等等工夫，則此「道」也應該是指這「若物之道」；也就是說，此「道」應該被解釋成「道術」才是。同樣地，「善若道」、「欲若道」中的「道」也可以如此解釋。這兩種解釋方式各有道理，雖然歷來的注釋多採取形上學路向來解這一章的「道」，當代卻也有學者認爲此章是「以黃老之術講『道』的作用」。〔註23〕因此，在不能確定本章脈絡的情況下，此段文字中關於「道」的描述也僅能作參考之用。

除此之外，〈天瑞〉和〈說符〉兩篇各有一段資料中的「道」，也被一些學者認爲和形上學課題相關：

〔註22〕據楊伯峻：《列子集釋》（同 14.），此二句當讀爲「用之彌滿，六虛廢之，莫知其所」，與其他當代注解本皆不同。此處採用後者之標點方法。

〔註23〕莊萬壽：〈列子新證 —— 列子與黃老學派思想的關係〉，《師大學報》第 30 期（民國 74 年 6 月），頁 427、436。

舜問乎烝曰：「道可得而有乎？」曰：「汝身非汝有也，汝何得有夫
道？」舜曰：「吾身非吾有，孰有之哉？」曰：「是天地之委形也。
生非汝有，是天地之委和也。性命非汝有，是天地之委順也。孫子
非汝有，是天地之爲委蛻也。故行不知所往，處不知所持，食不知
所以。天地強陽，氣也；又胡可得而有邪？」（〈天瑞〉）

嚴恢曰：「所爲問道者爲富。今得珠亦富矣，安用道？」子列子曰：
「桀紂唯重利而輕道，是以亡。幸哉余未汝語也。人而無義，唯食
而已，是雞狗也。彊食靡角，勝者爲制，是禽獸也。爲雞狗禽獸矣，
而欲人之尊己，不可得也。人不尊己，則危辱及之矣。」（〈說符〉）

雖然這裡的「道」也被認爲是形上學意義下的「道」，但是從原文來看，實在
不足以證明這一點。事實上，這兩段文字的主題並不在「道」，其中雖然提到
了「道」，但卻無一語提及「道」有何內容。因此，就算它們確實談的是形上
學意義下的「道」，也對我們掌握「道」的內涵毫無幫助。

整體來說，除了〈天瑞〉篇有一條關於「道」之資料可以確定和形上學
問題的討論有關，因而對解決「不生不化者」、「自生自化」之問題有幫助之
外，《列子》書中其餘各處所出現的「道」若非含意過於曖昧不明，便是所
提供的訊息太少，以致我們不能確定它們有何內容，及是否和形上學的討論
有關。甚至「道」在《列子》書中是否能被視爲一完整的概念恐怕亦不無疑
問。

第四節　「自生自化」概念之初步分析：個別存在之特殊規定性的解釋理論

正如前面所說，不管所謂「根源」的確實意義如何，《列子》認爲「不生
不化者」是「生化者」之根源。而《列子》的「自生自化說」，似乎就是在與
此主張完全對反的意義下被提出來的：

……其言曰：有生不生，有化不化。不生者能生生，不化者能化化。
生者不能不生，化者不能不化。故常生常化。常生常化者，無時不
生，無時不化。陰陽爾，四時爾，不生者疑獨，不化者往復。往復，
其際不可終；疑獨，其道不可窮。《黃帝書》曰：「谷神不死，是謂
玄牝。玄牝之門，是謂天地之根。綿綿若存，用之不勤。」故生物

　　者不生，化物者不化。自生自化，自形自色，自智自力，自消自息。

　　謂之生化形色智力消息者，非也。（〈天瑞〉）

從形式上及字詞的使用上，「自生自化」的說法和「不生無化者」的概念似乎是絕對不相容的。爲了進一步精確掌握「自生自化說」的意涵，我們必須對《列子》書中與「自生自化」相關的章節進行分析。然而，此處的狀況和我們在討論「不生不化者」之內涵時有一點不同：與「自生自化」有關的資料，在〈天瑞〉篇中便只有以上所引的那一章，其餘相關的資料都在〈力命〉篇中。那麼，我們是否可以使用〈力命〉篇的資料來探討「自生自化」的問題？學者們的意見是肯定的；一般認爲：〈力命〉篇中所表現的「命」之理論便是〈天瑞〉篇中「自生自化」概念在社會人生方面的運用。〔註24〕筆者同意將〈天瑞〉與〈力命〉篇中關於「自生自化」的資料合觀的作法，理由是：第一、由字詞的使用上來看，〈力命〉篇的相關說法和〈天瑞〉篇的「自生自化」在表述形式上是完全相同的，例如：

　　力謂命曰：「若之功奚若我哉？」命曰：「汝奚功於物而欲比朕？」

　　力曰：「壽夭、窮達、貴賤、貧富，我力之所能也。」命曰：「彭祖

　　之智不出堯舜之上，而壽八百；顏淵之才不出眾人之下，而壽十八。

　　〔註25〕仲尼之德不出諸侯之下，而困於陳蔡；殷紂之行不出三仁之

　　上，而居君位。季札無爵於吳，田恆專有齊國。夷齊餓於首陽，季

　　氏富於展禽。若是汝力之所能，奈何壽彼而夭此，窮聖而達逆，賤

　　賢而貴愚，貧善而富惡邪？」力曰：「若如若言，我固無功於物，而

　　物若此邪，此則若之所制邪？」命曰：「既謂之命，奈何有制之者邪？

　　朕直而推之，曲而任之。自壽自夭，自窮自達，自貴自賤，自富自

　　貧，朕豈能識之哉？朕豈能識之哉？」（〈力命〉）

這是〈力命〉篇的首章。可以發現「自壽自夭，自窮自達，自貴自賤，自富自貧」的說法，和「自生自化，自形自色，自智自力，自消自息」具有相同的形式；並且，似乎也沒有理由認爲它們所說的內容會有何不同。甚至，比

〔註24〕例如：蕭登福：《列子探微》（同 4.），頁 62、108～111；莊萬壽：〈列子新證
　　　　── 列子與黃老學派思想的關係〉，（同 23.），頁 430；任繼愈主編：《中國哲
　　　　學發展史（魏晉南北朝）》（同 6.），頁 268～269；牟鍾鑒：〈對《列子》的再
　　　　考辨與再評價〉，《文史哲》1985 年第 6 期，頁 50。

〔註25〕據《正統道藏》等版本，「壽十八」作「壽四八」；見楊伯峻：《列子集釋》（同
　　　　14.）、嚴靈峰編輯《無求備齋列子集成》（同 7.）。

較此章和前面所引的〈天瑞〉篇的首章，更可以發現它們在結構上的相似性。根據我們的研究方法，我們不能預設《列子》書中關於同一主題的相關材料是否矛盾或不矛盾，它們之間是否有矛盾現象存在是在研究工作完成之後才能知道的事；在此之前，爲了審愼起見，我們應該儘可能考慮所有相關資料的說法。其次，關於「命」之理論本來就屬於形上學之範疇，而由此章更可知「自生自化」和《列子》「命」概念之間有著極密切的關係；因此，除非有明顯的證據，否則沒有理由將《列子》書中談論「命」的部分與談論其他形上學課題的部分區隔開來。爲了方便起見，我們把這兩篇中表述形式相同的這些說法都稱爲《列子》的「自生自化說」，除非是在特殊狀況下，我們將用「自生自化」當做所有「自 x」（其中 x 爲動詞）形式之表述的共名。

雖然如此，但是我們可以發現在這些資料中，雖然「自生自化」之說法被當成一種理論而提出，但是《列子》對於此一概念的內涵卻沒有進一步說明。究竟何謂「自生自化，自形自色，自智自力，自消自息」？何謂「自壽自夭，自窮自達，自貴自賤，自富自貧」？仍然不清楚。因此，我們也許只能由幾個問題出發，嘗試提出可能的解釋方案，觀察它是否能合理地解釋原文，並檢視其可能的理論結果。

一、「自生自化」的主體

首先要考慮的，是「自生自化」所指的對象爲何，也就是《列子》究竟認爲是什麼東西在「自生自化」。一種可能的說法是：「『自生自化，自形自色，自智自力，自消自息』，並非否定具體事物之間的轉化、衍生，而是否定萬物生於一個共同的原始物。」〔註 26〕根據這種說法，所謂的「自生自化」只適用於說明所有有限存在之「全體」，並非指各個特殊的個別存在而言；只有有限存在之全體是「自生自化」的，其意義是指有限存在之爲一個全體，並沒有外在的根源。然而，就原文資料來看，「自壽自夭，自窮自達，自貴自賤，自富自貧」顯然正是以特殊的各別存在爲對象，這正是關於個別存在之特殊「規定性」之說明：「壽、夭、窮、達、貴、賤、貧、富」都是個別存在才擁有的性質，同時，不同的性質所造成之差異正是各個個別存在自身「規定性」之差異所在。有限存在的「全體」，如何能有「壽、夭、窮、達、貴、賤、貧、

〔註 26〕同 6.。

富」這些性質？又如何能「自壽自夭，自窮自達，自貴自賤，自富自貧」？即使只考慮〈天瑞〉篇的「自生自化，自形自色，自智自力，自消自息」，情形仍然一樣；就算這裡的「自生自化」和「自消自息」可以說是指有限存在的「全體」而言的，「自形自色」和「自智自力」卻無論如何都不能這樣解釋。也許，我們可以聲稱：雖然有限存在「全體」並無形、色、智、力可言，但是「所有」的有限存在之生、化、形、色等等規定性質都是「自生自化」、「自形自色」的，並無一外在的原因；在此意義之下，仍然可以說「自生自化」是就有限存在全體而言的。然而，在這樣的說法中，其實「所有的有限存在」指的是所有個別存在的集合，而非有限存在的「全體」；「自生自化」的適用對象其實已經由有限存在的「全體」轉化成個別的存在了。由此看來，將「自生自化」的對象視爲個別的有限存在似乎是較爲合理的，只不過，《列子》確實認爲「自生自化」普遍適用於所有的個別存在。

但是，還是有另外的問題。由以上的資料可知，「自生自化說」是解釋個別存在物爲何會有如此「規定性」之理論。但是，就〈天瑞〉篇中所說的「自生自化」（〈天瑞〉篇之特定意義的，並非「共名」之自生自化）而言，似乎便有些不同。以「自生」爲例，雖然因爲「自生」和「自形自色、自智自力」平列出現，因此它的對象也應該是個別存在；但是它是關於「存在」的理論，和「壽、夭、窮、達、貴、賤、貧、富」等只是個別存在之「性質」不同；而「存在」是不是一種「性質」則是一個頗有爭議的問題。因此，是否可以說：雖然〈天瑞〉篇和〈力命〉篇的多數資料都顯示「自生自化說」是關於個別存在之規定性的理論，但是其中也有少部分的說法是關於個別存在的「存在」的理論，兩者應該被分開看待，不可混爲一談呢？然而，「存在」雖然也許並不是「性質」，但是根據前面對有限存在的分析，既然各有限存在只能在限定的時空條件下呈現，也就是說，它們的存在必須以一定的時空爲背景，那麼就一個個別的有限存在而言，它在某一特定時空「存在」與否事實上也是它的「規定性」的一部分。因此，根據《列子》，「自生」的說法雖然是關於個別存在之「存在」之理論，但也可以被視爲是關於「規定性」的理論。同理，「自化」之情況也是如此。這就說明了可以將個別存在之生成理論當成是其規定性理論的一部分，而沒有必要將它們分開，也說明了沒有必要將〈天瑞〉篇和〈力命〉篇的資料區分開來。

> 可以生而生，天福也；可以死而死，天福也。可以生而不生，天罰

> 也；可以死而不死，天罰也。可以生，可以死，得生得死有矣；不
> 可以生，不可以死，或生或死有矣。然而生生死死，非物非我，皆
> 命也。智之所無奈何。故曰，窈然無際，天道自會；漠然無分，天
> 道自運。天地不能犯，聖智不能干，鬼魅不能欺。自然者默之成之，
> 平之寧之，將之迎之。(〈力命〉)

在此，從「窈然無際，天道自會；漠然無分，天道自運」這兩句話來看，其
主語是「天道」，說的是它的「自會」、「自運」；而天道本身應是某種普遍的
存在，似乎和個別存在無關。如此說來，這似乎否證了我們以上關於「自生
自化」只適用於個別存在的想法。它應該是規範所有個別存在的普遍性存在，
然而，此一「天道」或「天運」的內容是什麼？由下文可知，《列子》又稱它
爲「自然」，並說它的運作是「默之成之，平之寧之，將之迎之」；雖然對其
詳細內容諸家說法略有差異，但是大家都認爲這是說「自然」之運作是無所
施爲、順應萬物之自然的。《列子》又說：

> 生非貴之所能存，身非愛之所能厚；生亦非賤之所能夭，身亦非輕
> 之所能薄。故貴之或不生，賤之或不死；愛之或不厚，輕之或不薄。
> 此似反也，非反也；此自生自死，自厚自薄。或貴之而生，或賤之
> 而死；或愛之而厚，或輕之而薄。此似順也，非順也；此亦自生自
> 死，自厚自薄。鬻熊語文王曰：「自長非所增，自短非所損。算之所
> 亡若何？」老聃語關尹曰：「天之所惡，孰知其故？」言迎天意，揣
> 利害，不如其已。(〈力命〉)

這段的主題其實和前段文字相同，都是在強調生死現象並非人的主觀意願與
能力所能干預。對照兩段文字的說法，如果說，此處的「生非貴之所能存，
身非愛之所能厚；生亦非賤之所能夭，身亦非輕之所能薄」就是「生生死死，
非物非我」的意思，那麼《列子》對此的解釋「自生自死，自厚自薄」也應
該就是「窈然無際，天道自會；漠然無分，天道自運」的意思了。那麼，事
實上「天道」、「天運」也就是「自生自化」。前面提到，「天道」雖然規範萬
物，但它其實只是無所施爲，任萬物之自然而已；由此，既然「天道」的作
用只是如此，則實際上在「自生自化」的仍然是各個個別存在的萬物。則「天
道」其實只不過是這些個別存在之「自生自化」之普遍性說法而已。因此，
我們仍然認爲「自生自化」是指個別存在而言的。

二、機械論式與目的論式的解釋方式

其次，是「自生自化說」究竟有何內容的問題。觀察以上這兩段資料，它們都是從強調生命與身體的生死厚薄不由人自主開始，來說明「自生自死」、「自厚自薄」。《列子》認爲「生生死死，非物非我，皆命也」，這是「天地不能犯，聖智不能干，鬼魅不能欺」的；也就是說，這些「現象」並非外在因素能造成，但也非我自身意願所能改變。這就表示，個別存在自身的生、死、壽、夭、窮、達、貴、賤、貧、富等等現象，亦即它自身的「規定性」，不但非外在因素所能干預，亦非此個別存在自己的意志所能支配。「自長非所增，自短非所損」也是在說明這一點。〔註 27〕而《列子》是用「自生自化」的理論來解釋爲何各個別存在會有如此的「規定性」的。〔註 28〕正因爲《列子》用「自生自化」來解釋這些現象的「非物非我」，因此許多學者在探討「自生自化」之內涵時便將「非物非我」也當成是《列子》對「自生自化」之說明。他們認爲，「自生自化說」有幾個意涵，其中便包括「萬物之生化不受人爲影響」、「萬物之生化不受物自身意志的支配」、「萬物並無主宰者支配」等等。〔註 29〕然而，從《列子》的表達方式看來，如上所說，萬物之規定性所以表現得如此而不受人及物自身意志之影響，正是因爲萬物皆「自生自化」之故；如此說來，萬物的「自生自化」是它們之所以不受人及物自身意志支配的「原因」。然則「萬物的表現不受人及物自身意志支配」便不是「自生自化」概念的一部分，而是其「結果」。它們當然和「自生自化」有密切的關連，但是畢竟不是「自生自化」自身。對我們而言，真正想知道的是「自生自化」到底是什麼，這些說法雖然可以爲「自生自化」的意義劃出一定的解釋範圍，使我們知道「自生自化說」的理論性質，但究竟不是問題的解答。

已經知道「自生自化說」是說明爲何個別存在會有如此規定性之「原因」

〔註 27〕關於這兩句的意涵，古今多種注解皆以爲當是《莊子‧駢拇》「斷鶴續鳧」之義（見蕭登福：《列子古注今譯》〔同 20.〕，頁 564～561；莊萬壽：《新譯列子讀本》〔同 10.〕，頁 206～207），但以上下文義來看，此處所說當是指長、短都是「自長自短」，非外力所能致之。

〔註 28〕根據我們在前面的使用界定，「自生自化」被用來代表〈天瑞〉、〈力命〉篇中所有像自壽自夭，自窮自達，自貴自賤，自富自貧這種形式的表述；因此這裡的「自生自化」是《列子》這種普遍性的主張的「共名」。

〔註 29〕如，牟鍾鑒：〈對《列子》的再考辨與再評價〉，同 24.，頁 50；蕭登福：《列子探微》（同 4.），頁 61、108。

之理論；另一方面，個別存在之規定性不受外在因素及物自身意志干預，這是解釋「自生自化」之範圍條件。由此出發，在「自生自化」內容的解釋上似乎仍有兩種可能。問題的關鍵在於：關於「爲什麼」的發問本身是有歧義的：「當我們到一件事『爲什麼』的時候，我們指的可以是下列兩種事情中的一種，我們可以指：『這一件事是爲著什麼目的而服務的？』或者我們也可以指：『是怎麼樣的事前情況造成了這一事件的？』對前一個問題的答案就是目的論的解釋，或者說是用最終因來解釋的；對於後一問題的答案就是一種機械論的解釋」。〔註30〕後者要求的是一種「因果關係」的回答，而前者則否。因此，「自生自化說」本身作爲解釋個別存在「爲什麼」會有如此規定性之的理論，此「爲什麼」概念有兩種理解方式，而這兩種理解方式的不同便分別形成了「機械論式解釋」和「目的論式解釋」兩種可能的解釋方向。

第一種解釋方法，是將「規定性之『原因』」中之「原因」概念，視爲眞正的「因果關係」。已經知道這些規定性不是外在因素所造成的，亦非物自身可以影響，但是就上面兩段資料中所談的「生生死死，非物非我」、「自生自死，自厚自薄」觀之，其中的「我」都是指人的自我意志而言，不全然是個別存在自身。因此，設想這些規定性是由純粹的個別存在自身所造成，是可能的。從文字上來看，我們很自然地會將「自ｘ」（ｘ爲動詞）這樣的語詞理解爲「自己使自己ｘ」之意；那麼，「自生自化」便可以如此解釋：個別存在之所以有如此之規定性，乃是個別存在自己造成的。也就是說，個別存在自己是自己之所以如此之原因。一物之所以如此，乃是它自己如此。在此，個別存在和它之所以有如此規定性之間有「因果關係」連繫。那麼，而將此一解釋應用在一些特殊的規定性，如「存在」之上，便是說「個別存在自己使自己存在」，這也就是周紹賢和嚴靈峰的主張。〔註31〕這是機械論式的回答。

另一種解釋方法，是認爲「自生自化之爲萬物規定性之『原因』」中之「原因」概念，並不是「因果關係」。從文字上來看，「自ｘ」這種詞語也可以被理解爲「自然而然地ｘ」之意；蕭登福的看法便屬於此一類型，他認爲：「所謂的『自生』，在《列子》書中它有兩層涵義：一是自然而然，一是不

〔註30〕此處對目的論解釋和機械論解釋的說明，根據羅素（B. Russell）著，黃燕德校訂：《西洋哲學史》（臺北，遠景出版事業公司，民國71年），頁112。
〔註31〕同2.、3.。但是他們所說的「自生自化」只限於狹義的生化理論之範圍。

得不然。」、「本體是自然而然化生萬物，並無主宰者；萬物亦自然而然起變化，並無制之者；這一切都是在自然而然且不得不然的狀態下進行的，此爲列子所謂之『自生』。」〔註32〕這裡有些意見和我們之前所獲得的結論不同；他認爲「不得不然」也是「自生自化」說之內容，也和我們的主張有差異。然而，此處關於「自然而然」之說法卻正是一種對「自生自化」的非因果關係解釋。

我們在第一節說過，根據此一說法，「自生自化」不具有眞正「生化」作用之意涵，而僅是某種形容詞性質的辭語。已知「自生自化」是對個別存在之所以有此規定性之說明，此處如果用「自然而然」的說法來代換「自生自化」，則應該說：個別存在之所以有如此的規定性，是「自然而然」如此的。如果用機械論的「原因」概念來衡量此一說法，嚴格來講，當我們這麼說的時候，其實並沒有眞正指出個別存在規定性之眞正「原因」，也就是說，我們並沒有指出究竟是「什麼」使得個別存在有如此規定性。因此，蕭登福自己也認爲這是一種「無因說」。〔註33〕然而，這仍然是一種關於「原因」之說明方式，只不過此處的「原因」概念是目的論的用法罷了。既然將「自生自化」解釋成「自然而然」，是一種目的論解釋，則據此說法，個別存在之所以有如此規定性是「自然而然」的，這是什麼意思呢？若我們對「自生自化」採取目的論解釋的觀點，則我們對它的相關限制條件「個別存在之規定性不受外在因素及物自身意志干預」也應該採取同樣的觀點。那麼，根據這種觀點，《列子》的意思應該說成：「個別存在之所以有如此規定性，其理由並非外在因素所賦予，也非個別存在自身意志所能給予，而是它自然而然便如此的。」這似乎是說，個別存在自然而然地就是這樣子，不爲什麼目的，也沒有什麼目的可言。事實上，《列子》在說明「自生自化」時也指出：

> ……鬻熊語文王曰：「自長非所增，自短非所損。算之所亡若何？」
> 老聃語關尹曰：「天之所惡，孰知其故？」言迎天意，揣利害，不如其已。（〈力命〉）

《列子》在提出「自生自化」的說法之後，用「天之所惡，孰知其故」來對它加以詮釋。從這些帶有強烈「不可知」意味的說法來看，《列子》確實是以一種「沒什麼目的可言」、「說不出爲什麼」的態度在主張「自生自化」的。

〔註32〕同 4.。
〔註33〕同 4.，頁 62。

如此說來，將「自生自化」解釋成「沒有目的」也不無道理。〔註34〕

　　由此看來，相應於對「爲什麼」之發問的兩種不同理解，我們可以對《列子》的「自生自化」採取以上兩種不同的詮釋方式。然而，嚴格來說，這兩種詮釋並不能說是眞正的「目的論解釋」或「機械論解釋」。目的論的解釋應該提出一個事件的「目的」，而上述對「自生自化」的第二種詮釋恰恰是說個別存在之所以如此是「沒有目的」的。同樣地，機械論的解釋應該提出造成一事件的事前狀況，也就是其因果關係上的原因。而根據上述對「自生自化」的第一種解釋，個別存在之所以如此，是自己使自己如此的；也就是說自己是自己的原因。這等於是說每個個別存在都是以自己爲原因的，如此一來，各個存在之間便不會有因果關係連繫，個別存在之所以如此並沒有任何的事前原因。因此，這兩種對「自生自化」的詮釋並不是眞正的「目的論解釋」或「機械論解釋」。然而，它們畢竟是相應於對「爲什麼」之發問的這兩種理解而產生的詮釋方式，爲了幫助我們掌握這兩種對「自生自化」之詮釋在性質上的不同之處，同時也爲了方便稱呼起見，我們仍然使用「目的論」、「機械論」來稱呼它們。不過，爲了區分其間的差異，我們將分別稱這兩種詮釋方式爲「目的論式解釋」與「機械論式解釋」，而不稱之爲「目的論解釋」與「機械論解釋」。

　　至此，我們可將本節討論的結果總結如下：「自生自化」之說是以個別存在爲對象，說明爲何某一個別存在會有如此特殊規定性的理論。關於「自生自化」有兩種可能的解釋。一是以因果關係著眼的機械論式的解釋，這是說，「自生自化」的內涵是：個別存在物自己，是它自己之所以有如此的規定性之原因。另一解釋則是目的論式的解釋，這是說，「自生自化」的內涵是：個別存在物之所以有如此的規定性，是自然而然，沒有什麼目的可言的。從原文表現來看，這兩種解釋都是可能的。

〔註34〕雖然我們儘量避免將《列子》思想附會於其他古代思想，但是可以發現，其實學者們解釋郭象「自生」思想時，也用了類似此處「目的論」與「機械論」的解釋方式。後者的解釋方式固然爲較多數學者所持；但湯一介則認爲「此事物之所以成爲此事物，彼事物之所以成爲彼事物，是沒有什麼使它成爲這樣或那樣，或使它這樣或那樣，甚至也不能說它自己使它這樣那樣，所以『自生』只能是『突然自生』、『塊然自生』。因爲說事物的產生和存在如果有什麼原因和目的，就等於說有指使者，所以他說：『物之生也，莫不塊然自生也。』所謂『塊然自生』，就是說每個事物都是作爲一個完整的整體自然而然的、如土塊一樣無目的的產生和存在。」（湯一介：《郭象與魏晉玄學》〔同 8.〕，頁 64）這或許可以幫助我們理解「目的論」解釋的內涵。

第五節　「不生不化者」與「自生自化」問題初步解決之可能

透過以上對「不生不化者」及「自生自化」這兩個概念所做的分析，現在我們可以看看，是否有使這兩個概念不相衝突的解釋方法。一方面，我們知道「不生不化者」是諸有限存在的根源。對此有兩種可能的解釋：(1)、不生不化者確實「生成」諸有限存在，(2)、不生不化者僅僅在「使有限存在成為如此這般的有限存在」之意義下扮演根源的地位。而另一方面，「自生自化」是說明個別有限存在為何會有此特殊規定性——包括「存在」——的理論。對此亦有兩種可能的解釋：(a)、個別存在「自己是自己之所以有如此規定性之原因」，(b)、個別存在物之所以有如此的規定性，是「自然而然，沒有什麼目的可言的」。那麼，這兩方面有沒有不相衝突的地方？

首先，可以發現「不生不化者」的(1)之解釋，是認為「不生不化者」和諸有限存在之間的關係，是一種「因果關係」，也就是說「不生不化者」是有限存在之生成關係上之原因。就(1)與(a)來看，它們同樣都是關於「因果關係」的理論，根據(a)，個別存在自己是自己之所以存在的原因，然而據(1)所說，既然「不生不化者」生成諸有限存在，則它才應該是個別存在之所以存在的原因。由此看來，它們是絕不相容的。另一方面，就(1)和(b)來看，「自生自化」的(b)解釋採取的是目的論式解釋，而不是一種關於「因果關係」的理論，故可以和(1)共存而不相衝突。我們可以說：雖然就因果關係而言，是「不生不化者」是有限存在之原因，但是從另一個角度來看，仍然可以說，個別存在之所以「存在」或有此「規定性」，是自然而然，沒有什麼目的可言的。如此一來，「不生不化者」與「自生自化」之間便可能共存而不相矛盾。

其次，「不生不化者」的(2)是說不生不化者僅僅在「使有限存在成為如此這般的有限存在」之意義下扮演根源的地位。這個說法可以和(1)一樣被視為是一種關於「因果關係」的說法，但「使有限存在成為如此這般的有限存在」一語也可以被當成一種「目的論式」的解釋。在前一種情況中，(2)與(a)、(b)之間的關係與(1)的情形相同；在後一種情況中，(2)是一種「目的論式」的解釋，因而情況有些不同。一方面，(2)和(b)同樣都是「目的論式」的解釋，(2)指出「不生不化者」是個別存在之所以如此之「目的因」，而(b)卻是說個別存在之所以如此是「沒有目的」可言的。由此看來，(2)和(b)彼此不能相容。另一方面，就(2)和(a)來看，因為(a)對「自生自化」採取「機

械論式」的解釋，而不是一種「目的論式」的理論，故可以和（2）共存而不相衝突。我們可以說，雖然「不生不化者」是個別存在之所以如此之「目的因」，但是就「因果關係」的角度而言，根本上個別存在自己才是自己之所以如此的原因。

據以上的分析，我們似乎可以排除幾種解釋上相互衝突的狀況。但是，問題似乎也並不就是如此單純。在第一節提過，當我們說「不生不化者是有限存在的根源」時，此處的「有限存在」可以是有限存在之「全體」，也可能是「所有」個別有限存在之集合。如果是前者，則不管對所謂「根源」究竟應採（1）或是（2）之解釋，此種「根源關係」都只存在於「不生不化者」與有限存在「全體」之間，可以不及於每個個別存在的層面。如此一來，在同樣是「機械論式解釋」的（1）與（a）（或（2）與（a））之間的衝突，或同為「目的論式解釋」的（2）與（b）之間的衝突，都能夠利用這種限制「根源關係」之範圍的方法來消解。

如此看來，在「不生不化者」之（1）、（2）解釋以及「自生自化」的（a）、（b）解釋之間，各種組合都是可能的。由此可知，「不生不化者」與「自生自化」之間並非絕不相容，我們已經見到了矛盾解決的曙光。然而，上述幾種解決方案，究竟何者較符合《列子》的原意？由原文資料看來，我們已經很難對「不生不化者」知道得更多；而且，我們所關心的主要仍是「自生自化」的意涵。那麼，有沒有什麼方法可以讓我們在（a）和（b）之中做一選擇？雖然不能再對「自生自化」做進一步分析，但（a）和（b）之間的差異中，有一點或許是可以拿來檢證的，那便是：（a）認為個別存在自己便是自己所以如此的原因，因此各個別存在之間並無「因果關係」；而（b）因為是目的論式的解釋，因此個別存在之間是否有因果關係對它並無影響。那麼，如果個別存在之間確實有因果關係，則（a）便不能成立，我們應採信（b）之解釋；相反地，如果個別存在之間沒有因果關係，則（a）和（b）都仍然可能成立。

那麼，究竟個別存在之間有沒有因果關係？或許答案必須在《列子》的宇宙理論中找尋。

第六節　因果關係：《列子》的宇宙理論

在此，我們用「宇宙理論」一詞來代表對宇宙事物之諸般樣態提出說明的理論。我們將考究的課題有（1）、《列子》對宇宙生成或天地之形成的說明；

（2）、《列子》對時間與運動的說明；（3）、《列子》對空間與天地之結構的說明；（4）、《列子》對物類之變化與人之結構的說明。首先是關於「太易、太初、太始、太素」這套理論：

一、「太易、太初、太始、太素」理論之性質與內涵

> 子列子曰：「昔者聖人因陰陽以統天地。夫有形者生於無形，則天地安從生？故曰：有太易，有太初，有太始，有太素。太易者，未見氣也；太初者，氣之始也；太始者，形之始也；太素者，質之始也。氣形質具而未相離，故曰渾淪。渾淪者，言萬物相渾淪而未相離也。視之不見，聽之不聞，循之不得，故曰易也。易無形埒，易變而為一，一變而為七，七變而為九。九變者，究也；乃復變而為一。一者，形變之始也。清輕者上為天，濁重者下為地，沖和氣者為人；故天地含精，萬物化生。」（〈天瑞〉）

這段文字和《易緯‧乾鑿度》相似，而在解釋上，向來有許多爭議。首先，這套說法的性質究竟為何？和「不生不化者」等等概念有何關係？其次，「太易、太初、太始、太素」，「氣、形、質」等等這些概念究竟有何內涵？而整段文字又應如何解釋？學者們對這些問題看法並不一致。

關於這套說法的性質，雖然有些學者稱它為《列子》的「本體論」，〔註35〕但一般認為這應該是《列子》的「宇宙生成論」，說的是宇宙如何由「無形」生出「有形」的歷程。不過，許多學者仍然認為，此處的「太易」或「易」就是「道」或「本體」。〔註36〕一個有力的理由是：《列子》此處「視之不見，

〔註35〕如：莊萬壽：《新譯列子讀本》（同 10.），頁 28；〈列子新證 —— 列子與黃老學派思想的關係〉，（同 23.），頁 425；周世輔：〈略論列子書中的哲學思想〉，《中國憲政》第 4 卷第 1 期（民國 58 年 1 月），頁 10；陳玉台：〈列子一書之真偽及其思想考述〉，《學粹》第 16 卷第 1 期（民國 62 年 2 月），頁 27。案：若此處「本體論」一詞是指「存有論」（ontology）而言，則由「太易、太初、太始、太素」之說的課題來看，似乎並不屬於「存有論」的範疇。（見 9.）

〔註36〕除了注 31.所引諸位之外，又如：吳康：〈列子學述〉，《中華文化復興月刊》第 1 卷第 8 期（民國 57 年 11 月），頁 73；嚴靈峰：《列子辯誣及其中心思想》（同 3.），頁 112；周紹賢：《列子要義》（同 2.），頁 18；楊汝舟：〈列子神秘思想之意旨（二）〉，《中華易學》第 4 卷第 7 期（民國 72 年 9 月），頁 22；李季林：〈論《列子》的有無、名教自然觀〉，（同 5.），頁 36；嚴北溟、嚴捷：《列子譯注》（同 10.），前言，頁 9.。

聽之不聞，循之不得，故曰易也」的說法，和《老子》十四章「視之不見名曰夷，聽之不聞名曰希，搏之不得名曰微。此三者不可致詰，故混而爲一」對「道」的形容十分相似。然而，也有人認爲「道」和「太易」二者應該是不同的。〔註37〕這些問題和《列子》的時空觀念相關，因此留待後面再談。

關於這套主張的內容，由「宇宙生成論」的角度來看，此處所說的是宇宙如何由「無形」變而爲「有形」的過程。在此，《列子》提到了「太易、太初、太始、太素」，並指出它們分別是「未見氣」、「氣之始」、「形之始」、「質之始」；但《列子》又指出有一個「氣形質具而未相離」的狀態，稱之爲「渾淪」；另外，「視之不見，聽之不聞，循之不得」也稱爲「易」；而「易」又有一段「變而爲一，一變而爲七，七變而爲九。九變者，究也；乃復變而爲一」的變化過程；而此處之「一」，才是形變之始，由此生出天地萬物。然而，問題在於：這裡所提到的這幾個狀態或階段，它們的內涵爲何？順序如何？彼此之間關係如何？什麼是「氣、形、質」？「易」是否即是「太易」？「太初、太始、太素」是三個不同的階段或者只是「渾淪」一階段？「易」變而爲「一、七、九」是否就是指「太易」變而爲「太初、太始、太素」？

一般來說，似乎都同意「太易」即是「易」。而在「順序」方面，較被普遍主張的說法是「太易→太初→太始→太素」依序生成的四階段說法。但是嚴靈峰認爲：「易」就是「渾淪」就是「太易、太初、太始、太素」之混然一體。〔註38〕辛冠潔則認爲：此處所謂的「易」就是「太易」，是「氣、形、質」未分之前的渾淪狀態；由「太始者，形之始也」來看，所謂的「有形者生於無形」便是指「太始」生於「太易」；而其中尚有「太初」這個中介階段，各階段之間是經由「易變而爲一，一變而爲七，七變而爲九。九變者，究也；乃復變而爲一」這「理數相推」的方法連結起來的。〔註39〕在「氣、形、質」的內涵方面，雖然一般都認爲「氣」是宇宙的基本元素，但在「形、質」的內涵方面，楊伯峻、莊萬壽認爲它們分別是「形狀、形體」、「質素、性質」之意；吳康則認爲「形、質」應該是「形相」（form）和「質

〔註37〕杜而未：〈列子的幾點意思〉，《恆毅》第 8 卷第 10 期（民國 48 年 5 月），頁 36；趙雅博：〈列子的思想〉，（同 1），頁 4。

〔註38〕同 3.，頁 112。

〔註39〕辛冠潔：《《列子》評述》，《中國哲學史研究》1986 年第 3 期，頁 46；《《列子》評述（續）》，《中國哲學史研究》1986 年第 4 期，頁 8。

料」（matter）。〔註40〕

由於材料不足，因此這些問題可能無法被完全地解答。筆者的看法是，既然《列子》不曾說「太易」即是「易」，因此我們也沒有必要因為名稱相近便認定它們相等同。而且，由行文來看，「氣形質具而未相離，故曰渾淪。渾淪者，言萬物相渾淪而未相離也」之下便緊接著「視之不見，聽之不聞，循之不得，故曰易也」這些話，其實將它們連在一起解釋是更合理的；若然，則「易」反而應是「渾淪」的別稱。因此，我們可以將這整個「宇宙發生」的過程依照行文順序理解成「太易 —— 太初 —— 太始 —— 太素」，而後有一個「渾淪（易）」的階段，再因數變而產生天地萬物。而在「形、質」的內容方面，一方面，既然《列子》指出「一者，形變之始」，因而在此之前的「太始者，形之始也」便不應該解釋成形狀或形體的開始，也許此「形」解釋成「形式」（form）較可行。另一方面，如果「氣」是構成萬物的元素，則將「質」說成「質料」便有重複之嫌，因此將它解釋成「性質」也許較合理。

不管這段文字在細節上應該被如何解釋，我們可以發現，此處《列子》「有形者生於無形，則天地安從生」的問法，本身就是機械論式的「因果關係」解釋法。天地的生成是此段的主題，而由前面的討論我們知道，「天」和「地」是「與我偕終」（〈天瑞〉）的個別有限存在，而它們是經由「形變」的過程後，「清輕者上為天，濁重者下為地」而形成的。顯然天地之存在並非它們自己使之存在，而是前有所「因」的；同樣地，「人」是「沖和氣」的產物，萬物更是「天地含精」後之結果。這些似乎都說明：個別存在之間確實有因果關係相連繫。

二、時間無限與永恆運動

關於「太易、太初、太始、太素」的理論性質，及「太易」之內涵，牽涉到《列子》的時空觀念。〈湯問〉篇談到《列子》對「時間無限」的看法：

> 殷湯問於夏革曰：「古初有物乎？」夏革曰：「古初無物，今惡得物？
> 後之人將謂今之無物，可乎？」殷湯曰：「然則物無先後乎？」夏革

〔註40〕 楊伯峻：〈《列子》宇宙論的科學因素〉，《求索》1982年第2期，頁13；莊萬壽：〈列子新證 —— 列子與黃老學派思想的關係〉，（同23.），頁426；吳康：〈列子學述〉，（同36.），頁73。

曰：「物之終始，初無極已。始或爲終，終或爲始，惡知其紀？然自
物之外，自事之先，朕所不知也。」……（〈湯問〉）

學者們認爲，這表示《列子》主張時間是無限的，並沒有一個開始。「古初有
物」的說法意味著一向都有存在物存在，並沒有無物存在的時候；並且，存
在只能來自於存在，這也就表示宇宙並不開始於一個「不存在」的階段。今
之有「物」是因爲古之有「物」，而各存在之間「始或爲終，終或爲始」，因
此顯然個別的存在有始有終，但就整個存在整體而言是無始無終的。〔註41〕

　　然而，若存在並不來自不存在，宇宙並非開始於一個不存在之階段，則
前面所談的「太易、太初、太始、太素」之說法便不能被視爲「宇宙生成論」，
因爲宇宙整體是永遠存在的；它最多只能被當成一套描述宇宙演化的理論。
若然，則「太易」也是存在而非不存在，並且，由於時間是無限的，在「太
易」演化出「太初、太始、太素」之前它必然也已經存在了無限久的時間。
問題是它應當是何種性質的存在。正如前面所說，有許多學者認爲「太易」
便是「本體」，也就是「道」或「不生不化者」，他們認爲此處「古初有物」
應該是指「太易」，也就是「不生不化者」而言的；另外，也有人認爲由「太
易者，未見氣也」的說法來看，「太易」是比「氣」更爲根本的原始的氣或物
質；〔註42〕也有人兼採這兩種說法，認爲「道」或「不生不化者」便是原始
的氣或物質。〔註43〕顯然問題的關鍵便在於「太易」或古初之「物」究竟是
「無限存在」還是「有限存在」。

　　我們由「古初有物」的說法可以知道，若「太易」是宇宙存在的最早階
段，則它必然也存在了無限久的時間，這也就是說，「太易」是在時間之中存
在的。然而，根據我們對「無限存在」的理解，《列子》說它是「生之所生者
死矣，而生生者未嘗終；形之所形者實矣，而形形者未嘗有；聲之所聲者聞
矣，而聲聲者未嘗發；色之所色者彰矣，而色色者未嘗顯；味之所味者嘗矣，
而味味者未嘗呈」，也就是說，它並不像有限的存在一樣，必須表現爲有限制
的特定形象，並在特定的時空條件中呈現；即，無限存在的存在是不以時空

〔註41〕譚家健、李淑琴：〈《列子》的宇宙理論〉，《遼寧大學學報》1978年第4期，
　　　　頁30～31；嚴北溟、嚴捷：《列子譯注》（同10.），前言，頁12。

〔註42〕如：楊伯峻：〈《列子》宇宙論的科學因素〉，（同40.），頁13；莊萬壽：〈列子
　　　　新證──列子與黃老學派思想的關係〉，（同23.），頁426。

〔註43〕如：嚴北溟、嚴捷：《列子譯注》（同10.），前言，頁9；許抗生等著：《魏晉
　　　　玄學史》（西安，陝西師範大學出版社，1989年），頁403～404。

條件作爲其背景的，它不存在於時間之中。這和「太易」存在於時間之中的特徵不合。這樣看來，似乎「太易」不能是「無限存在」，它只能是某種「有限存在」。因此，將「太易」視爲是某種原始物質的想法也許較合理。《列子》在此提到「然自物之外，自事之先，朕所不知也」，似乎也表明這「物之外、事之先」的才是無限存在，而古初所已有之「物」並非無限存在。

由以上的討論，我們發現了一個關於「不生不化者」或「無限存在」的新事實：雖然所有的「有限存在」都是非永恆的存在，它們總有消失的一天，但既然時間無限延伸，宇宙也永遠存在，而作爲宇宙最早階段的「太易」也是有限存在，這也就是說，「有限存在」的「全體」是永遠存在、無始無終的。那麼，既然「有限存在」全體是無始無終的，則它不需要一個外在的存在來「生成」它。我們也曾經指出：「無限存在」是「有限存在」的根源，而這可能是說（1）、不生不化者確實「生成」諸有限存在，（2）、不生不化者僅僅在「使有限存在成爲如此這般的有限存在」之意義下扮演根源的地位。現在，既然「有限存在」全體是無始無終的，它不需要一個「生成者」，則顯然（1）之解釋便不能成立。由此，可以確定我們只能接受（2）之解釋。

關於「古初有物」，《列子》還提到「物之終始，初無極已。始或爲終，終或爲始，惡知其紀」之說法，嚴北溟、嚴捷認爲這除了表示具體存在有始有終，而世界整體無始無終外，還說明了「每一事物都是總體長鍊上的一個環節，此一物的終結，即彼一物的開始，間不可分」、「由於始終相續，互爲因果，因而任何事物決無孤立之理，世界萬物的普遍連繫，就表現在物之始終相續的運動轉化中」。〔註44〕這說明了在個別的有限存在之間確實有因果關係存在。

「運動」和「變化」的概念是與時間相關的。《列子》認爲，世界萬物都處在不斷的變化運動之中：

> 粥熊曰：「運轉亡已，天地密移，疇覺之哉？故物損於彼者盈於此，成於此者虧於彼。損盈成虧，隨世隨死。往來相接，間不可省，疇覺之哉？凡一氣不頓進，一形不頓虧；亦不覺其成，亦不覺其虧。亦如人自世至老，貌色智態，亡日不異；皮膚爪髮，隨世隨落，非嬰孩時有停而不易也。間不可覺，俟至後知。」（〈天瑞〉）

> 初，子列子好游。壺丘子曰：「禦寇好游，游何所好？」列子曰：「游

〔註44〕嚴北溟、嚴捷：《列子譯注》（同 10.），前言，頁 12。

之樂所玩無故。人之游也，觀其所見；我之游也，觀其所變。游乎
游乎！未有能辨其游者。」壺丘子曰：「禦寇之游固與人同歟，而曰
固與人異歟？凡所見，亦恆見其變。玩彼物之無故，不知我亦無
故。……」（〈仲尼〉）

「凡所見，亦恆見其變」，這表明所有有限存在都在不停的變化之中，雖然這
些變化往往過於細微而常被人們忽略。值得注意的是，許多學者認爲，由「物
損於彼者盈於此，成於此者虧於彼。」這兩句話看來，事物的變化是此消則
彼長的；也就是說，雖然個別存在不停地運動變化，但是由宇宙整體的角度
來看，存在的總體將「守恆」而不增不損。若是如此，則顯然在這些不斷運
動變化的個別存在之間確實有因果連繫：此物的「損」造成彼物之「盈」，此
物之「成」造成彼物之「虧」。

　　另外，《列子》似乎認爲事物的變化有「一往一反」或「物極必反」的規律：

目將眇者，先睹秋毫；耳將聾者，先聞蚋飛；口將爽者，先辨淄澠；
鼻將窒者，先覺焦朽；體將僵者，先亟犇佚；心將迷者，先識是非：
故物不至者則不反。（〈仲尼〉）

「物不至者則不反」雖不是說「物極必反」，但也是說「反者必至」之意；〈周
穆王〉篇也提到「苦逸之復，數之常也」。這似乎也可以說明《列子》有這樣
的想法。

三、空間無限與天地之結構

殷湯曰：「然則上下八方有極盡乎？」革曰：「不知也。」湯固問。
革曰：「無則無極，有則有盡；朕何以知之？然無極之外復無無極，
無盡之中復無無盡。無極復無無極，無盡復無無盡。朕以是知其無
極無盡也，而不知其有極有盡也。」湯又問曰：「四海之外奚有？」
革曰：「猶齊州也。」湯曰：「汝奚以實之？」革曰：「朕東行至營，
人民猶是也。問營之東，猶復營也。西行至豳，人民猶是也。問豳
之西，猶復豳也。朕以是知四海、四荒、四極之不異是也。故大小
相含，無窮極也。含萬物者，亦如含天地。含萬物也故不窮，含天
地也故無極。朕亦焉知天地之表不有大天地者乎？亦吾所不知
也。……」（〈湯問〉）

和時間一樣，《列子》也認爲空間是無限的。此處「無則無極，有則有盡」二

句雖然有改字與否的爭議，但不影響對《列子》文意的解釋。《列子》不但認為上下八方是沒有極盡的，而且「無極無盡」之外更無「無極無盡」；因為「無極無盡」已經意味著空間沒有邊界，若還有所謂無極無盡「之外」便自相矛盾了。除此之外，學者們認為，《列子》在此還指出了一個遞相包含的多層次宇宙圖像：「故大小相含，無窮極也。含萬物者，亦如含天地。含萬物也故不窮，含天地也故無極。朕亦焉知天地之表不有大天地者乎？」由此，「天地」本身也只不過是廣大宇宙中的一個小結構而已。

　　「天地」只是宇宙的一部分，並非宇宙的全部，這似乎給了我們一個解釋「太易、太初、太始、太素」理論的新可能。由原文來看，這套說法一開始所欲解說的問題便是「夫有形者生於無形，則天地安從生」，既然「天地」並不等於「宇宙」，它應該只是「天地生成」的理論，而非關於宇宙生成或宇宙演化的理論。確實，和宇宙全體之無始無終不同，《列子》認為「天地」是「與我偕終」（〈天瑞〉）的，是會消失的個別有限存在。《列子》又云：

> 杞國有人憂天地崩墜，身無所寄，廢寢食者；又有憂彼之所憂者，因往曉之，曰：「天，積氣耳，亡處亡氣。若屈伸呼吸，終日在天中行止，奈何憂崩墜乎？」其人曰：「天果積氣，日月星宿，不當墜耶？」曉之者曰：「日月星宿，亦積氣中之有光耀者；只使墜，亦不能有所中傷。」其人曰：「奈地壞何？」曉者曰：「地積塊耳，充塞四虛，亡處亡塊。若躇步跐蹈，終日在地上行止，奈何憂其壞？」其人舍然大喜，曉之者亦舍然大喜。長盧子聞而笑之曰：「虹蜺也，雲霧也，風雨也，四時也，此積氣之成乎天者也。山岳也，河海也，金石也，火木也，此積形之成乎地者也。知積氣也，知積塊也，奚謂不壞？夫天地，空中之一細物，有中之最巨者。難窮難終，此固然矣；難測難識，此固然矣。憂其壞者，誠為大遠；言其不壞者，亦為未是。天地不得不壞，則會歸於壞。遇其壞時，奚為不憂哉？」子列子聞而笑曰：「言天地壞者亦謬，言天地不壞者亦謬。壞與不壞，吾所不能知也。雖然，彼一也，此一也。故生不知死，死不知生；來不知去，去不知來。壞與不壞，吾何容心哉？」（〈天瑞〉）

學者們一向將「杞人憂天」中的資料視為《列子》的看法。然而，由於「列子」本人在文末出現，並對之前的種種說法抱持著不可知的批判態度，因此

究竟是否能將此處「曉者」與「長盧子」的意見視爲《列子》作者眞正的主張便不無疑問。莊萬壽認爲：列子對長盧子的話並沒有反對，只是認爲要超越壞與不壞之外；〔註45〕從《列子》認爲天地「與我偕終」（〈天瑞〉）來看，確是應該如此。另一方面，此處說「夫天地，空中之一細物，有中之最巨者」，這也和前面所說天地只是宇宙中的一個部分結構之說法相合。因此，這樣的作法應該是可接受的。

　　此段文字中對天地之結構有極特殊的看法，它認爲「天，積氣耳，亡處亡氣。若屈伸呼吸，終日在天中行止」，這就是說「天」並非高高在上，它只不過是「積氣」而已，事實上，自地面以上所有的空間便屬於「天」之範圍；不但如此，「日月星宿，亦積氣中之有光耀者」，它們也是懸浮在「天」之中的「氣」之構成物。學者們認爲，這種想法徹底打破了傳統天覆地載、星辰綴附於天球之上的觀念，而與古代天文思想中的「宣夜說」相近。〔註46〕此外，值得注意的是此處「虹蜺也，雲霧也，風雨也，四時也，此積氣之成乎天者也。山岳也，河海也，金石也，火木也，此積形之成乎地者也」的說法。據此，《列子》不但認爲天體、天氣現象以及山岳河海等等都是「氣」之構成物，並且，由《列子》的文意來看，這似乎是說：所謂「天」其實便是虹蜺、雲霧、風雨、四時等這些現象的集合，而所謂「地」其實也不過就是山岳、河海、金石、火木等這些存在的集合。照這樣看，其實並沒有被稱爲「天地」的獨立個別存在，它們只是一些個別存在的集體名稱而已。若是如此，則「太易、太初、太始、太素」之說作爲一套天地生成的理論，事實上所說明的也就是這些個別存在的生成理論。

　　此處說天是「積氣」而地是「積塊」或「積形」，這似乎是說它們都是「氣」之構成物；在〈天瑞〉篇別處也說「天地強陽，氣也」。然而，根據「太易、太初、太始、太素」之說，「天地」應該兼具「氣、形、質」三者，也許此處只是就構成的「材質」來說的。若是如此，根據「清輕者上爲天，濁重者下

〔註45〕莊萬壽：〈列子新證 ── 列子與黃老學派思想的關係〉，（同23.），頁436注9。

〔註46〕關於宣夜說之內容，見《晉書》卷十一〈天文志上〉；其云：「宣夜之書亡，惟漢祕書郎郗萌記先師相傳云：『……日月眾星，自然浮生虛空之中，其行其止皆須氣焉。是以七曜或逝或往，或順或逆，伏見無常，進退不同，由乎無所根繫，故各異也。……若綴附天體，不得爾耳。』」（《晉書1》〔臺北，鼎文書局，民國65年〕，頁279）

爲地」的說法，同爲「氣」之構成物，天與地之間的差異便在於輕重清濁之不同。《列子》在談論「人」時說「精神者，天之分；骨骸者，地之分。屬天清而散，屬地濁而聚」，似可爲一證。

四、物類變化與人之結構

> 子列子適衛，食於道，從者見百歲髑髏，攓蓬而指，顧謂弟子百豐曰：「唯予與彼知而未嘗生未嘗死也。此過養乎？此過歡乎？種有幾：若蛙爲鶉，得水爲䰄，得水土之際，則爲蛙蠙之衣。生於陵屯，則爲陵舄。陵舄得鬱栖，則爲烏足。烏足之根爲蠐螬，其葉爲蝴蝶。蝴蝶胥也化而爲蟲，生竈下，其狀若脫，其名曰鴝掇。鴝掇千日，化而爲鳥，其名曰乾餘骨。乾餘骨之沫爲斯彌。斯彌爲食醯頤輅。食醯頤輅生乎食醯黃軦，食醯黃軦生乎九猷。九猷生乎瞀芮，瞀芮生乎腐蠸。羊肝化爲地皋，馬血之爲轉鄰也，人血之爲野火也。鷂之爲鸇，鸇之爲布穀，布穀久復爲鷂也，鷹之爲蛤也，田鼠之爲鶉也，朽瓜之爲魚也，老韭之爲莧也，老羭之爲猨也，魚卵之爲蟲。亶爰之獸自孕而生曰類。河澤之鳥視而生曰鶂。純雌其名大簀，純雄其名曰稺蜂。思士不妻而感，思女不夫而孕。后稷生乎巨跡，伊尹生乎空桑。厥昭生乎濕。醯雞生乎酒。羊奚必乎不筍，久竹生青寧。青寧生程，程生馬，馬生人。人久入於機。萬物皆出於機，皆入於機。」（〈天瑞〉）

學者們多以爲這是《列子》的生物演化理論。以嚴靈峰爲例，他引述胡適的看法，認爲《列子》在此提出了生物演化的原理：(1)、生物由簡單演變爲複雜；(2)、由一種生物蛻化爲另一種生物；(3)、由原來簡單發展到複雜，再由複雜回復到原始狀態；由此觀之，這確實是一套說明物種演化的理論。〔註47〕然而，由此段文字中所提到的變化種類來看，至少包括因環境而生（如「厥昭生乎濕。醯雞生乎酒」）、一種生物之一部分變化成其他生物（如「烏足之根爲蠐螬，其葉爲蝴蝶」）、一種生物變化或生出其他生物（如「鷂之爲鸇」、「程生馬」）、自孕或相視而生（如「思女不夫而孕」）等等類型，甚至所變的事物還包括無生物在內（如「人血之爲野火」）。由此，似乎看不出有何固定的演化方向或規則；

〔註47〕嚴靈峰：《列子辯証及其中心思想》（同 3.），頁 116。

我想與其說這是一套生物演化理論，不如說此處所要表達的是各個存在之間「以形相禪」的現象。

　　關於這些變化，《列子》以「萬物皆出於機，皆入於機」來解釋，然而此「機」是什麼卻頗有爭議。張湛《注》以為「機者，群有之始，動之所宗，故出無入有，散有反無，靡不由之也」；﹝註48﹞當代許多學者則以為「機」當是某種細微的物質。﹝註49﹞然而，既然這些變化所變之物包括無生物在內，若「機」是此種微細物質，則它便應該也是無生物的組成物質，這便和「氣」無異了。無論如何，根據這整段的說法，顯然《列子》確實認為這些變化物之間有因果關係存在。「一種生物之一部分變化成其他生物」及「一種生物變化或生出其他生物」的狀況就不用說了，即使是「因環境而生」的狀況，其所在環境也是它之所以生的原因。而「自孕或相視而生」的狀況雖然看來像是「自生」的，但以「亶爰之獸自孕而生曰類」為例，雖說是「自孕」，但新生命個體卻總需要一個生出它的母體，而不能真的憑空誕生。是故由此觀之，在這些形體變化之中確實有因果關係作為連繫。

　　關於「人」這個物種，前面已經提過《列子》認為它具有和天地一樣的形成來源。「清輕者上為天，濁重者下為地，沖和氣者為人」，這說明了「人」乃是天地沖氣所生，因而其輕重清濁之程度也介於天地之間。另一方面，個體的「人」在死後，其所秉之質素也將復歸原處：

　　　　……終者不得不終，亦如生者之不得不生。而欲恆其生，畫其終，
　　　　惑於數也。精神者，天之分；骨骸者，地之分。屬天清而散，屬地
　　　　濁而聚。精神離形，各歸其真；故謂之鬼。鬼，歸也，歸其真宅。
　　　　黃帝曰：「精神入其門，骨骸反其根，我尚何存？」（〈天瑞〉）

這顯示人的組成部分中，「精神」屬於「天」而「骨骸」屬於「地」，因此它們也分別是「清而散」和「濁而聚」的。人死之後，這些成分將各自回歸原來所屬之處。前面說過，「天」、「地」可能只是一些集合物之總稱，若然，則人之所秉來自於天地並復歸於天地的說法，可能實際上只是說人由「清而散」和「濁而聚」的部分所構成，而最終亦必分解為這兩個部分而死亡。另外，

────────────

﹝註48﹞同 14.，頁 18。

﹝註49﹞如：嚴靈峰：《列子辯誣及其中心思想》（同 3.），頁 117；嚴北溟、嚴捷：《列子譯注》（同 10.），前言，頁 10；莊萬壽：《新譯列子讀本》（同 10.），頁 55；皆主此說。

由「精神入其門，骨骸反其根，我尚何存？」的說法來看，《列子》似乎認爲
「人」只不過是「精神」和「骨骸」這些部分之組合而已，在這些成分之外
並沒有一個可以被稱爲「我」的實體存在。也就是說，並不是「我」擁有精
神和骨骸，事實上「我」不過也就是精神和骨骸而已，在此之外沒有「我」
之存在。

　　由上文可知，《列子》認爲「精神」和「骨骸」是人的兩大組成部分。在
其他地方，《列子》也對人的組成提出類似的區別。如：

> 魯公扈趙齊嬰二人有疾，同請扁鵲求治。扁鵲治之。既同愈。謂公
> 扈齊嬰曰：「汝曩之所疾，自外而干府藏者，固藥石之所已。今有偕
> 生之疾，與體偕長；今爲汝攻之，何如？」二人曰：「願先聞其驗。」
> 扁鵲謂公扈曰：「汝志彊而氣弱，故足於謀而寡於斷。齊嬰志弱而氣
> 彊，故少於慮而傷於專。若換汝之心，則均於善矣。」扁鵲遂飲二
> 人毒酒，迷死三日，剖胸探心，易而置之；投以神藥，既悟如初。
> 二人辭歸。於是公扈反齊嬰之室，而有其妻子；妻子弗識。齊嬰亦
> 反公扈之室，有其妻子；妻子亦弗識。二室因相與訟，求辨於扁鵲。
> 扁鵲辨其所由，訟乃已。（〈湯問〉）

就此處所說來看，《列子》認爲人的活動受「志」與「氣」這兩種要素的影響。
「志」所掌管的功能爲「謀」、「慮」等思維能力，而「氣」則影響決斷力等
性格；似乎「志」與此處之「氣」分別是指人的理性能力與肉體本能。而「心」
則是實際發揮「志」之功能的器官，這似乎顯示《列子》認爲精神現象依附
在「心」之上，並非獨立於物質之外。無論如何，既然一個人的「志」與「氣」
之分配是他「足於謀而寡於斷」還是「少於慮而傷於專」的原因，這就說明
了人的特殊才性並非沒有原因的，顯然此處《列子》對人的特殊規定性仍然
採取外在因果關係的解釋。

　　另外，在〈周穆王〉篇「西極有化人來」一章中，《列子》有「化人曰：
「吾與王神游也，形奚動哉？……」之語，這是以「神」、「形」二者來劃分
人之結構。同篇又云：

> 覺有八徵，夢有六候。奚謂八徵？一曰故，二曰爲，三曰得，四曰
> 喪，五曰哀，六曰樂，七曰生，八曰死。此者八徵，形所接也。奚
> 謂六候？一曰正夢，二曰蘁夢，三曰思夢，四曰寤夢，五曰喜夢，
> 六曰懼夢。此六者，神所交也。不識感變之所起者，事至則惑其所

由然；識感變之所起者，事至則知其所由然。知其所由然，則無所
悒。一體之盈虛消息，皆通於天地，應於物類。故陰氣壯，則夢涉
大水而恐懼；陽氣壯，則夢涉大火而燔焫；陰陽俱壯，則夢生殺。
甚飽則夢與，甚饑則夢取。是以以浮虛為疾者，則夢揚；以沉實為
疾者，則夢溺。藉帶而寢則夢蛇，飛鳥銜髮則夢飛。將陰夢火，將
疾夢食。飲酒者憂，歌儛者哭。子列子曰：「神遇為夢，形接為事。
故晝想夜夢，神形所遇。故神凝者想夢自消。信覺不語，信夢不達；
物化之往來者也。古之真人，其覺自忘，其寢不夢；幾虛語哉？」
　　（〈周穆王〉）

在此，《列子》指出「神遇為夢，形接為事」，夢覺即分別是「神」、「形」作
用的結果。既然「晝想夜夢，神形所遇」，顯然這也是一種因果關係之連繫。
不只如此，《列子》還認為「一體之盈虛消息，皆通於天地，應於物類」，並
舉出許多例證來支持此一說法；而從「陰氣壯，則夢涉大水而恐懼；陽氣壯，
則夢涉大火而燔案」這樣的例子來看，其中的因果關係也十分明顯。

　　由以上的例證可知，顯然《列子》確實認為個別存在之間有因果關係存
在，而各存在之特殊規定性也是由這些因果連繫所造成的。

第七節　小結：「不生不化者」與「自生自化」問題之解決方案

　　我們在分析「不生不化者」及「自生自化」這兩個概念時，曾經指出它
們各自有兩種可能的解釋方案：在「不生不化者」方面，我們知道「不生不
化者」是諸有限存在的根源，而這可能是指：（1）、不生不化者確實「生成」
諸有限存在，（2）、不生不化者僅僅在「使有限存在成為如此這般的有限存在」
之意義下扮演根源的地位。而在「自生自化」方面，這是說明個別有限存在
為何會有此特殊規定性——包括「存在」——的理論，而這也有兩種可能的
解釋：（a）、個別存在自己是自己之所以有如此規定性之原因，（b）、個別存在
物之所以有如此的規定性，是自然而然，沒有什麼目的可言的。我們也指出：
這四者之間的各種搭配看來都是合理而可能的，在無法對（1）和（2）進行
選擇的情況下，檢視《列子》是否認為個別的有限存在之間有「因果關係」
存在，將是檢驗（a）和（b）何者較合理的唯一方法。

在對《列子》的「宇宙理論」進行探討之後，我們知道《列子》確實認爲個別存在之間有「因果關係」存在；這就表示，關於「自生自化」者的（a）解釋不能成立，我們應該接受「目的論解釋」之（b）解釋。另一方面，因爲知道了更多關於「有限存在」的訊息，這也使我們發現了與「不生不化者」有關的另一些事實。《列子》認爲，時間和空間都是無限的，並且在時間中的每一刻都有事物存在，並沒有無物存在的時間；這就表示，雖然個別的有限存在只是短暫而終將消失的存在，但是「有限存在」之爲一個「全體」是永遠存在的。既然如此，「有限存在」並不需要一個外在的生成者，因此（1）之說法也不能成立，而應該以（2）之解釋來說明何以「不生不化者」是有限存在的根源。並且，既然個別存在之間有因果關係存在，且個別存在之規定性也受此因果關係之影響，同時《列子》對這些規定性又採用「目的論式解釋」；因此不論（2）究竟是「機械論式」還是「目的論式」的解釋，所謂不生不化者「使有限存在成爲如此這般的有限存在」中的「有限存在」，應該如前面所說的解釋成有限存在之「全體」。

因此，採用（2）和（b）之說法，我們對於「不生不化者」和「自生自化」問題的最後解釋如下：雖然《列子》說「不生者能生生，不化者能化化」，又說「自生自化，自形自色，自智自力，自消自息」，二者看似矛盾；但是「不生者能生生，不化者能化化」是說「不生不化者」是「有限存在」全體之所以成爲如此之存在的根源，而「自生自化」則是說個別存在物之所以有如此的規定性，是自然而然，沒有什麼目的可言的。在此解釋之下，「不生不化者」與「自生自化」之矛盾可以被消解。

就《列子》的形上學思想系統來看，可以發現：雖然我們不能確知「不生不化者」是何種類型的存在，但是《列子》確實認爲它是獨立於有限存在之外的「無限存在」，並且也是「有限存在」全體之所以如此之根源；然而，既然「有限存在」——也就是「宇宙」全體，是永遠存在的，並且個別存在之間由因果關係互相連結，對個別存在而言，「不生不化者」似乎便並不起什麼作用。就此看來，似乎可以如牟鍾鑒所說，將《列子》的「存有論」與「宇宙理論」區分開來。〔註50〕

另一方面，雖然《列子》對個別存在爲何爲有這些特殊規定性採取「目的論」類型的解釋，但是它也認爲個別存在之間有因果關係存在。對《列子》

〔註50〕同 6。

而言，這兩種解釋系統是並存的：

> 大禹曰：「六合之間，四海之內，照之以日月，經之以星辰，紀之以
> 四時，要之以太歲。神靈所生，其物異形；或夭或壽，唯聖人能通
> 其道。」夏革曰：「然則亦有不待神靈而生，不待陰陽而形，不待日
> 月而明，不待殺戮而夭，不待將迎而壽，不待五穀而食，不待繒纊
> 而衣，不待舟車而行，其道自然，非聖人之所能通也。」（〈湯問〉）

此處所說的兩種層次的差別，似乎就是機械論解釋中的「因果關係」與目的
論解釋中「自生自化」的差別。《列子》承認因果關係的存在，而且它認為這
種因果關係正是種種特殊規定性之原因；也就是說，雖然由目的論解釋的角
度而言，這些規定性是無目的的，但是由因果關係的角度來看，這些規定性
正各有其原因。這是否意味著：《列子》認為個別存在之所以會有如此規定性
是「必然」的？這和與「自生自化」密切相關之「命」概念有何關係？這些
正是我們下一章所欲探討的課題。

第三章 《列子》「命」概念之意涵

　　以〈力命〉篇為主，《列子》提出了與人之「力」相對反的「命」之概念。一般研究《列子》的學者，鮮有不觸及它的「命」概念的；但也許是這個問題所牽涉的內容並無任何玄虛之處，因此真正深入探討其思想內涵的卻也不多。多數學者都只以「宿命論」或「命定論」等詞彙來稱呼本篇中的「命」概念。然而，對我們而言，既然所關心的是《列子》是否有「命定論」與「自由意志」之間「二義乖背」的矛盾；因此，不論《列子》是否是「宿命論」或「命定論」，我們都有必要對整個《列子》「命」概念之內涵進行較深入的討論。

　　另一方面，正如前文所說，關於「命」的理論，基本上屬於形上學之範疇。也已經知道《列子》的「命」概念與「自生自化」的說法有極密切的關係；而根據我們在前一章的結論，《列子》的「自生自化」概念應該被理解成個別存在之所以有如此之規定性，是「自然而然，沒什麼目的可言的」。然而這個解釋本身是一個「目的論」式的解釋。將此一解釋運用在對「命」概念的解釋上，或許，我們將得到一種與「宿命論」或「命定論」完全不同的「命」之解釋方式。

第一節　「命定論」與「宿命論」之意涵

　　《列子》對「命」的說法集中在〈力命〉篇。乍看之下，〈力命〉篇所要表達的想法似乎十分單純；全篇文字的意旨可以整理成以下幾點：首先，《列子》指出人的「壽夭、窮達、貴賤、貧富、生死」等等際遇都是「命」，並非

人之「力」所能致:

> 力謂命曰:「若之功奚若我哉?」命曰:「汝奚功於物而欲比朕?」
> 力曰:「壽夭、窮達、貴賤、貧富,我力之所能也。」命曰:「彭祖
> 之智不出堯舜之上,而壽八百;顏淵之才不出眾人之下,而壽十八。
> 仲尼之德不出諸侯之下,而困於陳蔡;殷紂之行不出三仁之上,而
> 居君位。季札無爵於吳,田恆專有齊國。夷齊餓於首陽,季氏富於
> 展禽。若是汝力之所能,奈何壽彼而夭此,窮聖而達逆,賤賢而貴
> 愚,貧善而富惡邪?」力曰:「若如若言,我固無功於物,而物若此
> 邪,此則若之所制邪?」命曰:「既謂之命,奈何有制之者邪?朕直
> 而推之,曲而任之。自壽自夭,自窮自達,自貴自賤,自富自貧,
> 朕豈能識之哉?朕豈能識之哉?」(〈力命〉)
> 可以生而生,天福也;可以死而死,天福也。可以生而不生,天罰
> 也;可以死而不死,天罰也。可以生,可以死,得生得死有矣;不
> 可以生,不可以死,或生或死有矣。然而生生死死,非物非我,皆
> 命也。智之所無奈何。故曰,窈然無際,天道自會;漠然無分,天
> 道自運。天地不能犯,聖智不能干,鬼魅不能欺。自然者默之成之,
> 平之寧之,將之迎之。(〈力命〉)

在「北宮子問西門子」一段中,《列子》也指出:北宮子與西門子兩人「世、
族、貌、言、行、仕、農、商」等等條件都相同,卻有「造事而窮」與「造
事而達」的不同遭遇,是因爲「北宮子厚於德,薄於命,汝(指西門子)厚
於命,薄於德。汝之達,非智得也;北宮子之窮,非愚失也。皆天也,非人
也」。《列子》認爲,這些都是「命」;它們不因外在因素或人的主觀意願而有
所轉移。

其次,《列子》強調對人而言,這些「命」之現象是「不得不然」的:

> 鄧析操兩可之說,設無窮之辭,當子產執政,作《竹刑》。鄭國用之,
> 數難子產之治。子產屈之。子產執而戮之,俄而誅之。然則子產非
> 能用《竹刑》,不得不用;鄧析非能屈子產,不得不屈;子產非能誅
> 鄧析,不得不誅也。(〈力命〉)

《列子》又以管仲與鮑叔牙兩人相友甚戚的史事爲例,指出「此世稱管鮑善
交者,小白善用能者。然實無善交,實無用能也。實無善交實無用能者,非
更有善交,更有善用能也。召忽非能死,不得不死;鮑叔非能舉賢,不得不

舉；小白非能用讐，不得不用」；而對於管仲臨終時向桓公舉薦隰朋而不舉鮑叔牙，《列子》也認爲「然則管夷吾非薄鮑叔也，不得不薄；非厚隰朋也，不得不厚。厚之於始，或薄之於終；薄之於終，或厚之於始。厚薄之去來，弗由我也」。

　　《列子》用「自生自化」來說明爲何會有如此這般的「命」之現象：「壽夭、窮達、貴賤、貧富」等等現象事實上是個別存在自己「自壽自夭，自窮自達，自貴自賤，自富自貧」所致；「生生死死」固然「非物非我」，也是「窈然無際，天道自會；漠然無分，天道自運」之表現。《列子》又說：

> 生非貴之所能存，身非愛之所能厚；生亦非賤之所能夭，身亦非輕之所能薄。故貴之或不生，賤之或不死；愛之或不厚，輕之或不薄。此似反也，非反也；此自生自死，自厚自薄。或貴之而生，或賤之而死；或愛之而厚，或輕之而薄。此似順也，非順也；此亦自生自死，自厚自薄。鬻熊語文王曰：「自長非所增，自短非所損。算之所亡若何？」老聃語關尹曰：「天之所惡，孰知其故？」言迎天意，揣利害，不如其已。（〈力命〉）

由以上這些文字來看，《列子》十分強調「命」對人生際遇之重要性，並且認爲這些際遇既非外在因素所能左右，也非人的「力」所能影響。因此，許多學者認爲《列子》所持的是一種「定命論」、「命定論」、「決定論」或「宿命論」之思想。例如：莊萬壽認爲這是「定命論」、「宇宙定命論」，嚴靈峰也指出這是指「定命論」，並且是指 Determinism 而言；嚴北溟、嚴捷以及錢耕森、李季林等人則認爲這是「命定論」；莊萬壽、趙雅博、陳玉台等以及任繼愈主編之《中國哲學史》皆認爲這是一種「宿命論」思想；馮友蘭則認爲這是極端的「決定論」。〔註1〕

〔註1〕主張「定命論」的，見：莊萬壽：《新譯列子讀本》（臺北，三民書局，民國85年），頁44；〈列子新證——列子與黃老學派思想的關係〉，《師大學報》第30期（民國74年6月），頁430；嚴靈峰：《列子辯誣及其中心思想》（臺北，文史哲出版社，民國83年），頁130。主張「命定論」的，見：嚴北溟、嚴捷：《列子譯注》（臺北，書林出版有限公司，民國84年），前言，頁16、內文，頁151；錢耕森、李季林：〈論列子「貴虛」的人生哲學〉，《孔孟月刊》第33卷第7期（民國84年3月），頁45。主張「宿命論」的，見：莊萬壽：《新譯列子讀本》（同前），頁192；趙雅博：〈列子的思想〉，《華學月刊》第140期（民國72年8月），頁10～11；陳玉台：〈列子一書之眞僞及其思想考述〉，《學粹》第16卷第1期（民國62年2月），頁27；任繼愈主編：《中

　　然而，學者們在使用這些詞語來形容《列子》的「命」思想時，卻都不曾對它們的意涵加以界定。我們雖然用「命定論」與「自由意志」之爭來理解「二義乖背」問題，但我們也只是很籠統地使用這些詞語。根據一般的語言習慣，若使用者未對字詞之意義作出其他界定，則其字詞意義應該被理解爲社會大眾所普遍認知的一般意涵；而「字典定義」顯然代表這種一般的認知。而根據一般字典的說法，「定命論」、「命定論」及「決定論」是指英語的「determinism」；「宿命論」則是指英語的「fatalism」。而它們又是什麼意思？對思想史之研究者而言，哲學字典所提供的界定應當是最爲學者所普遍接受的界定。The Oxford Companion to Philosophy 對它們的解釋是這樣的：

　　「determinism」：「它常被視爲關於世界的普遍命題，即：所有的事件（event）毫無例外地都是『結果』（effect）：由較早的事件必然引起（necessitate）的事件。因此，任何種類的任何事件都是之前一系列結果的結果；這是一個因果（causal）鍊，其中每個聯結都是堅固的。……若此命題爲眞，則未來的事件就像過去的事件一樣是固定且不變的。……determinism 常被視爲較小範圍的命題：所有我們的選擇、決定、意向、其它心靈事件，和行動都不過是其它同樣是被必然引起的事件的結果。」

　　「fatalism」：「（它是）和 determinism 不相同的信念：考慮和行動都是無意義的，因爲不管我們做什麼，未來都會是一樣的；以是否醫生可以使我們痊癒爲例：我是否可以痊癒是注定（fated）的，因此找不找醫生和我的痊癒無關。……determinism 反對 fatalism 之處在於：也許已經預先決定（determine）了我們只能因爲找了醫生而痊癒。」〔註2〕

　　根據這個解釋，我們可以將「命定論」（determinism，「定命論」、「決定論」）的意涵歸結如下：

　　（1）它主張過去、現在和未來的一切事件都是「必然」的；也就是說：都是固定不變的，因爲：

　　（2）一切事件都是在其之前的其它事件之必然結果；它們之間是原因和結果的關係。因爲結果是必然的，所以說是固定不變的。

　　　哲學史》第 2 冊（北京，人民出版社，1996），頁 226～230。主張「決定論」的，見：馮友蘭：《中國哲學史》（臺北，藍燈文化事業股份有限公司，民國 78 年），頁 621。

〔註2〕Ted Honderich（ed.） The Oxford Companion To Philosophy.（Oxford and New York, Oxford University Press, 1995.） pp.194,270。

（3）人類的一切行為活動亦如同其它事件，是被其它結果決定的結果。

而「宿命論」（fatalism），則同意上述的（1），而在（2）和（3）之處和「命定論」不同：它不使用因果關係的理論來說明事件的固定不變，而主張事件之所以如此發生，僅只因為它是「必然」的。可以發現，「命定論」和「宿命論」都認為一切過去、現在、未來的事件都是固定不變而「必然的」；它們之間的差異在於前者採用「因果關係」來解釋事件的「必然性」，而後者則否。對人而言，既然所有會發生的事件都是必然的，則也可以說這些事件都是「預先決定」好了的。

然而，有些學者們的說法，倒也似乎並不完全是在這個意義之下使用「命定論」和「宿命論」這些詞彙。例如嚴北溟、嚴捷認為《列子》是「命定論」，但與「相信『天』能賞善罰惡、因果報應的宿命論有所不同」，蕭登福指出《列子》所主張的「命」「有別於一般主張有主宰者安排的宿命論」；〔註3〕這似乎表示他們所認知的「宿命論」是指一種由某個主宰者安排決定一切事件的理論。如此說來，如果堅持以上對「命定論」和「宿命論」的界定，則我們其實不能單純地以這些詞彙來概括學者們對《列子》「命」概念的詮釋。

那麼，除了「命定論」、「宿命論」這些術語之外，學者們對《列子》「命」概念的詮釋究竟如何？整體來看，這些說法可以區分成兩類。第一種說法強調所有已發生及未發生事件的「必然性」，如莊萬壽認為《列子》主張「壽夭、窮達、貴賤、貧富……都是冥冥中自個兒決定的」，它「對任何既成的事物，都承認其必然性」；《中國哲學發展史》認為「命」之理論是「自生自化」在社會人生方面的運用，它「是一種盲目的必然性，亦處處表現為偶然性，不知其所以然，對之無可奈何，這種盲目性被稱為『命』」；《魏晉玄學史》也認為「命」「決定著人的生死貴賤」，「是一種盲目的必然性」；嚴北溟、嚴捷認為《列子》將「命」視為社會上種種不平等、不合理現象的原因，命「亦即人對之莫可奈何的某種必然性」；馮友蘭則解釋其所謂「決定論」說「天然之變化及人之活動，皆是機械的。神或人之自由、目的等，皆不能存」。〔註4〕

〔註3〕嚴北溟、嚴捷：《列子譯注》（同1），前言，頁16；蕭登福：《列子探微》（臺北，文津出版社，民國79年），頁108。

〔註4〕莊萬壽：《新譯列子讀本》（同1），頁43；任繼愈主編：《中國哲學發展史（魏晉南北朝）》（北京，人民出版社，1988年），頁268～269；許抗生等著：《魏晉玄學史》（西安，陝西師範大學出版社，1989年），頁413～414；嚴北溟、嚴捷：《列子譯注》（同1），前言，頁17、151；馮友蘭：《中國哲學史》（同1），

觀察這些說法,雖然它們之間有些許不同,但是它們都主張用「必然性」來解釋《列子》的「命」之思想;也就是說,根據這種主張,《列子》的主張應該被理解成「一切過去、現在、未來所要發生的事件都是必然會發生的」。在此,所謂一個事件是必然的,意思是說此事件之不發生是不可能的。可以發現,這種以「必然性」來理解「命」概念的方式,其實就是「宿命論」的主張;根據「宿命論」,一切會發生的事件都是注定要發生的,因此是必然的。而這種解釋也和「命定論」具有相同的理論後果:根據「命定論」的說法,一切事件都是在其之前的其它事件之「必然結果」,因此一切事件也都是必然的。

　　另一種說法則不以「必然性」來解釋「命」概念。周紹賢指出,普通所講之命定論或宿命論,都是主張「人生命運之休咎,皆先天所定而不能更變者也」;然而《列子》所說的「命」卻非此義。他認為「天然所構成之條件,非人力所能改變者,故稱之曰命」、「凡爲種種條件所限制,而人所無可奈何之事,皆曰命」;另外,「又命爲人生自然必趨之理,如飢則思食,寒則思衣」、「命即理之所必然者,例如一分耕耘,即有一分收穫,多行不義,則必多招罪戾」。〔註 5〕他對「命定論」與「宿命論」的理解方式與我們的界定相同,而他認為《列子》的「命」概念絕非「命定論」或「宿命論」。據此說法,所謂「命」不過是人對之無能爲力的種種自然條件限制,並無「一切事件都是必然的」這樣的意涵。雖然他也認爲「命即理之所必然者」,但分析起來,此處的「必然」與前面所說的「必然」意義並不相同。據「命定論」與「宿命論」,一切所會發生的事件都是必然要發生的,說這些事件「必然」的意思是說這些事件不發生是不可能的;此「必然」是指「事件」之必然。然而,據周紹賢之解釋,所謂「理之必然者」是指像「飢則思食,寒則思衣」、「一分耕耘,即有一分收穫,多行不義,則必多招罪戾」這樣類似「規律」的全稱語句而言;此「必然」是這種普遍「規律」之必然,而非某個特定「事件」之必然。而且,當我們說「『一分耕耘,即有一分收穫』是必然的」之時,其實是說「一分耕耘,『必然』有一分收穫」。像「一分耕耘,即有一分收穫」這些規律,其實都是一些條件句,它們的「必然性」,其實只是指這些條件句的前件(antecedent,在此是「一分耕耘」)與後件(consequent,在此是「必

頁 621。

〔註 5〕周紹賢:《列子要義》(臺北,臺灣中華書局,民國 72 年),頁 35～37。

然有一分收穫」）之間的關係：當前件成立時，後件中所宣稱的「必然性」也會成立。「命定論」或「宿命論」固然也主張此種必然關係，但這並非「命定論」或「宿命論」的專利，一般常識也認爲有這樣的必然性存在。因此，這種解釋方式是和「宿命論」、「命定論」的解釋完全不同的，其中並無事件之「必然性」的概念。

蕭登福則認爲：《列子》的「命」概念也就是「自生自化」之概念，也就是說「一切都是自然而然，且又不得不然，並無主宰者在」，同時「也是人力所無可奈何的」。〔註 6〕雖然「不得不然」是否意味著「必然」是一個有待討論的問題，就此一說法本身來看，似乎並不一定蘊涵宿命論式的「必然性」之主張。

另外，不論是那一種解釋方向，大家都承認《列子》認爲「命」是不受人爲努力的影響，亦非任何外在因素所能干涉的。學者們認爲，這也就表示《列子》認爲「命」並無一個主宰者。確實，〈力命〉篇說「生生死死，非物非我，皆命也。智之所無奈何」，又指出一切都是「窈然無際，天道自會；漠然無分，天道自運。天地不能犯，聖智不能干，鬼魅不能欺」的；〈仲尼〉篇也指出：

> ……汝徒知樂天知命之無憂，未知樂天知命有憂之大也。今告若其實：修一身，任窮達，知去來之非我，亡變亂於心慮，爾之所謂樂天知命之無憂也。……（〈仲尼〉）

此處用「知去來之非我，亡變亂於心慮」來解釋「樂天知命」，然則所謂「知命」就是指知道「去來之非我」。這證明《列子》確實主張「命」並非我的主觀意願與能力所能干預。然而，正如我們在前面一章中認爲這些說明並非「自生自化」之內涵一樣，這些說明也不能被視爲是「命」概念的眞正內涵。我們知道「命」是不受人力影響的，它不是任何外在因素干涉的，它沒有一個主宰者；但是這些仍舊沒有告訴我們到底什麼是「命」。而且，相對於「命」而言，這些因素正可以說是外在之「力」，而《列子》本來就將「命」與「力」視爲兩個相對的概念。因此，這些說明仍然只是命概念的一些「外圍條件」，但不是對「命」自身的解釋。

到目前爲止，我們尚未正式就《列子》的「命」概念進行分析，但是上面所提到的「命定論」與「宿命論」的界定問題，以及學者們對「命」的看法，卻給予我們一個思考方向的提示。就上述的兩類解釋方式而言，其細節問題姑且不論，顯然「必然性」的問題是其中的主要分歧；而這兩種解釋路向

〔註 6〕蕭登福：《列子探微》（同 3.），頁 108～110。

也都能完美地和上面所提到的這些「外圍條件」相容。看來我們必須在這兩種可能的解釋方向之間作一抉擇：假如《列子》確實認為過去、現在、未來一切所要發生的事件都是「必然」要發生的，則可以確定《列子》的「命」思想是「宿命論」；然而，倘若「必然性」不是《列子》「命」思想的組成部分，則我們有必要重新尋找《列子》「命」概念的確切意義。另一方面，從《列子·力命》篇的文字來看，其實我們已經可以排除「命定論」的解釋方式了，因為《列子》雖然有可能認為一切事件的發生都是「必然」的，但是它並無以「因果關係」來說明「命」的說法，而「因果關係」正是「命定論」的核心觀念。也就是說，《列子》並不主張「命定論」。但是在前一章我們也曾指出，《列子》是認為個別存在之間有因果關係存在的；那麼，雖然《列子》所提出的「命」思想並「不是」命定論，但是仍然可能「符合」命定論之主張。無論如何，我們都必須先知道《列子》的整個「命」思想是否含有「必然性」的概念。

第二節　「不得不」與「必然」

　　無論是「命定論」或「宿命論」，都主張過去、現在、未來所要發生的一切事件都是固定不變的，也就是「必然的」。這也就是說，如果某個事件是「必然的」，則它將是唯一「可能」發生的事件，它的不發生是不可能的；而一切看似可能的其他替代事件事實上是不可能的。以「子產殺鄧析」為例，當我們說此一事件是必然的，是指：子產在某年某月某日某時某地一定會殺死鄧析，這件事不發生是不可能的；而常識以為子產也許可以不殺鄧析，或者可以在不同的時間、地點殺他，事實上這些都是不可能的。那麼，《列子》是否認為一切事件都有這樣的必然性？

　　要確認《列子》是否認為一切事件都是必然的，一個驗證的方法是：觀察《列子》是否認為人有「自由意志」。根據「命定論」或「宿命論」，既然一切事件的發生都是必然的，人的行為活動自然也不例外。因此，如果《列子》認為一切事件都是必然的，它必定反對自由意志。然而，因為我們的終極目的便在於探討「命定論」與「自由意志」的「二義乖背」問題，因此採取這樣的方法便似乎有循環論證之嫌。所以我們還是由檢查《列子》原文中可能與「必然性」相關的部分入手。

　　學者們認為，在〈天瑞〉和〈力命〉篇中有一些關於「不得不然」的說法，便是《列子》主張一切事件的「必然性」之證據。我們先來看看在〈天

瑞〉篇中一些似乎和此「必然性」相關的章節：

> ……生者，理之必終者也。終者不得不終，亦如生者之不得不生。
>
> 而欲恆其生，畫其終，惑於數也。……（〈天瑞〉）

在此《列子》似乎認為「終者」是必然要「終」，而「生者」是必然要「生」的；它指出「生者，理之必終者也」，其中的「必」字似乎便是「必然」之意。然而，這是否是表示《列子》認為一切事件都是「必然的」？首先，正如我們在前面曾經說過的，「宿命論」或「命定論」中所說之「必然」是針對所有個別「事件」來說的；然而「生者，理之必終者也」卻不是一個個別的事件。「生者，理之必終者也」應該被理解為：「對每一個個別存在 x，如果 x 是『生者』，則 x 必然會『終』」；這樣看來，它是一個全稱的條件句，其性質類似「一分耕耘，即有一分收穫」。而且，當我們宣稱某個這種條件句是「必然」的時候，其實只是說它的前件與後件之間有著這樣的關係：當前件成立時，後件中所宣稱的必然性也會成立；就「生者，理之必終者也」來說，必然關係只在於「生者」和「終」之間。也就是說，只有當「生者」之條件成立時，才有「終」之「必然性」。固然「命定論」或「宿命論」也主張這種必然關係，但是這種看法並不是「命定論」或「宿命論」的專利。同樣地，「終者不得不終」和「生者不得不生」的狀況也是一樣。因此，此處並沒有「命定論」或「宿命論」所要求的那種「必然性」存在。然而，雖然「生者，理之必終者也」並不是一個事件，但是它蘊涵了「所有的『生者』都必然會『終』」的意思。那麼，是不是可以將「某一個個別生者之必終」視為是一個特定的「事件」，而將「生者，理之必終者也」視為所有這些「事件」的集合？但是，以「鄧析必然會死」為例，這種表達方式其實並不是對一個「事件」的陳述，因為它雖然告訴我們鄧析必然會死，但並未告訴我們關於鄧析之死的任何事實；也就是說，它只訴說一些關於鄧析的事實，但是卻沒有提及任何與鄧析相關的事件之內容。所以，此處的「必然」仍非「命定論」、「宿命論」所主張的那種「必然」。由此，也可以發現，雖然「命定論」以「因果關係」的連繫來論證一切事件的必然性，其中「因果關係」所保證的必然性似乎和此處全稱條件句中前件與後件之間的這種關係相似；但是「命定論」所論證的對象是事件，它主張的是事件的必然，而與此處這種全稱條件句所討論的範圍不同。因此，由這段文字來看，並不能證明《列子》採取「命定論」或「宿命論」那種認為一切事件都是「必然的」之想法。

……故天職生覆，地職形載，聖職教化，物職所宜。然則天有所短，
地有所長，聖有所否，物有所通。何則？生覆者不能形載，形載者
不能教化，教化者不能違所宜，宜定者不出所位。故天地之道，非
陰則陽；聖人之教，非仁則義；萬物之宜，非柔則剛；此皆隨所宜
而不能出所位者也。……（〈天瑞〉）

在此，《列子》指出所有有限存在都是受到限制的，它們的角色和功能都有一
定的限度。然則它們的「隨所宜而不能出所位」是不是「必然性」的表現？
固然由這段文字看來，天、地、聖、物只能扮演如此這般的角色，這似乎也
是一種「必然性」；但是和前面提到的狀況一樣，「萬物之宜，非柔則剛」看
來更像是全稱的條件句；而且，「天地之道，非陰則陽；聖人之教，非仁則義；
萬物之宜，非柔則剛」這些表達也不能被視為是對一個「事件」的陳述。因
此，這也不能當成《列子》主張「命定論」或「宿命論」之依據。

……其言曰：有生不生，有化不化。不生者能生生，不化者能化化。
生者不能不生，化者不能不化。故常生常化。常生常化者，無時不生，
無時不化。……故生物者不生，化物者不化。自生自化，自形自色，
自智自力，自消自息。謂之生化形色智力消息者，非也。（〈天瑞〉）

同樣地，此處的「生者不能不生，化者不能不化」也是全稱的條件句。因此，
就算此處的「不得不」意義與「必然」相同，這也只是指此條件句中前件與
後件的關係而言，與「命定論」、「宿命論」主張的事件之必然性無關。值得
注意的是，在這類的條件句中，《列子》只是說「對每一個個別存在 x，如果
x 是 A，則 x 必然會是 B」；就此而言，其實它並沒有說明為何某個特定的個
別存在，它非得是 A 不可。例如：根據《列子》，如果我是生者，則我是必然
會終結的；但是為什麼我會是生者呢？在此，似乎「命定論」與「宿命論」
仍有一絲機會：如果能證明我以一個生者的姿態存在是「必然的」的話，則
「命定論」或「宿命論」的解釋看來便可能成立。而《列子》的說法又如何？
由上下文看來，「自生自化，自形自色，自智自力，自消自息」就是答案；我
們在前一章也說過，「自生自化」之說是《列子》用以解釋個別存在物為何有
如此規定性的理論。上面條件句中的述詞 A 其實也就是一種「規定性」，因此，
個別存在為何有如此規定性的問題，也就是為何某個特定的個別存在非得是
A 不可的問題；而「自生自化」就是《列子》對這個問題的解答。那麼，《列
子》是否認為個別存在之所以有如此規定性，是「必然」的呢？這就得看「自

生自化」是否蘊涵有一切事件都是「必然的」之意涵。另外：

> 農赴時，商趣利，工追術，仕逐勢，勢使然也。然農有水旱，商有
> 得失，工有成敗，仕有遇否，命使然也。（〈力命〉）

在此，《列子》將「勢」與「命」相對並舉。有學者認為，此處所說士、農、工、商各赴時、趣利、追術、逐勢，是人力所能為的；也就是說，「勢」與「命」的對立事實上就是「力」與「命」的對立。由此觀之，《列子》還沒有全盤否定人的主觀能動性。〔註7〕但是，由原文來看，「勢」似乎不完全是人力之意；似乎農、商、工、仕之追求時、利、術、勢，其中也有某種「不得不」的意味。林希逸的解釋便是「上言勢使然者，謂既為農矣，為商矣，為工矣，為仕矣，其勢有不得不然也」。〔註8〕若是如此，則這些話便和上面所說的條件句形式相同，應該理解為「對每一個個別存在 x，如果 x 是農／商／工／仕，則 x 不得不赴時／趣利／追術／逐勢」。當然，就算如此，根據我們之前的分析，此處「不得不」的說法亦不足以證明《列子》主張一切事件的必然性，但是《列子》在另一處卻提出了個別存在為何會是農、商、工、仕的說明：

> 南國之人祝髮而裸，北國之人鞨巾而裘，中國之人冠冕而裳。九土
> 所資，或農或商，或田或漁；如冬裘夏葛，水舟陸車。默而得之，
> 性而成之。……（〈湯問〉）

《列子》認為，之所以會「或農或商，或田或漁」之差異，就像「冬裘夏葛，水舟陸車」一樣，是「默而得之，性而成之」的。這印證了我們的解釋：人們之所以會分別是「農、商、工、仕」仍是有原因的，只有在這些原因成立的情況下，人們才「不得不」赴時、趣利、追術、逐勢。據學者們的說法，所謂「默而得之，性而成之」也就是「自然而然」的意思，而這和我們對「自生自化」的理解很類似。「或農或商，或田或漁」也是個別存在的規定性之一，而「自生自化」正是《列子》用以說明個別存在之會有此規定性的理論；而這段文字似乎正說明了這一點。這也說明了要知道《列子》是否認為個別的人之所以會是農、商、工、仕是「必然的」，必須檢視「自生自化」所涵蘊的意義。

〔註7〕嚴北溟、嚴捷：《列子譯注》（同1），前言，頁17、151；莊萬壽：〈列子新證—— 列子與黃老學派思想的關係〉，（同1），頁431。古注之中，盧重玄《解》、徽宗《沖虛至德真經義解》及江遹《沖虛至德真經解》（見蕭登福：《列子古注今譯》〔臺北，文津出版社，民國79年〕）也取此說。

〔註8〕林希逸《沖虛至德真經鬳齋口義》，見蕭登福：《列子古注今譯》（同7.），頁597。

現在，來看〈力命〉篇中關於「不得不然」的說法：

……此世稱管鮑善交者，小白善用能者。然實無善交，實無用能也。
實無善交實無用能者，非更有善交，更有善用能也。召忽非能死，
不得不死；鮑叔非能舉賢，不得不舉；小白非能用讎，不得不用。……
然則管夷吾非薄鮑叔也，不得不薄；非厚隰朋也，不得不厚。厚之
於始，或薄之於終；薄之於終，或厚之於始。厚薄之去來，弗由我
也。（〈力命〉）

鄧析操兩可之說，設無窮之辭，當子產執政，作《竹刑》。鄭國用之，
數難子產之治。子產屈之。子產執而戮之，俄而誅之。然則子產非
能用《竹刑》，不得不用；鄧析非能屈子產，不得不屈；子產非能誅
鄧析，不得不誅也。（〈力命〉）

這裡所提到的「不得不」和前面所討論過的情況不同。「終者不得不終，亦如
生者之不得不生」和「生者不能不生，化者不能不化」在形式上都是全稱的
條件句，因此，不管其中的「不得不」和「不能不」是否有「必然」之意涵，
它們都和「命定論」或「宿命論」所主張的事件之「必然性」無關。但是在
此處，像「召忽非能死，不得不死」、「子產非能誅鄧析，不得不誅也」這樣
的語句卻是特稱的語句，而且「召忽之死」及「子產誅鄧析」顯然也是特定
的「事件」；它們和前面的例子並不相同。《列子》確實也認為，這些事件的
主角，完全是「不得不」讓事件如此地發生的；也就是說，在這些事件之中，
其實他們並沒有「自由」。那麼，「不得不」蘊涵有「必然」的意思嗎？這是
否說明了《列子》認為這些事件的發生是必然的？

　　「不得不」是否蘊涵有「必然」的意思？顯然它們並非同義詞，因為它
們之間是不能任意相互代換的。以「召忽不得不死」為例，當我們說「召忽
之死」這一事件是「必然的」之時，是說在某時某地這一事件一定會發生，
不發生是不可能的。但是當我們說「召忽不得不死」時，似乎只是說在這一
事件中召忽沒有選擇的餘地，他只能死；這似乎只是說召忽是「不自由」的，
或生或死並非他所能決定。由此看來，此處的「不得不」僅僅表示行為主體
在事件中沒有決定的能力，那麼，由此是否就能推論出此一事件的發生是「必
然的」？我們知道「命定論」與「宿命論」認為一切事件，包括人的意志與
行為在內，都是必然的，因此人沒有「自由」；但是主張「人沒有自由」，是
不是就一定認為一切事件都是必然的，就一定是「命定論」或「宿命論」呢？

恐怕不盡然。召忽的死也許不是他所能決定，但是這只不過是說召忽沒有選擇的餘地而已，並不表示召忽在此時此地非死不可。事實上，大多數古注在解釋這兩段文字中「不得不」之意涵時，也並不採用「必然」的說法。如：張湛認爲「此皆冥中自相驅使，非人力所制也」；江遹認爲這些「皆命之自爲，非人之所能爲也」、「厚薄之去來，有至公之道，有自然之理，弗由我也」；林希逸認爲這些「皆出於命之自然，非人力也」。〔註9〕這幾種解釋，都認爲「不得不」是指這些事件「非人力所制」、「弗由我」而言；也就是說，這兩段文字主旨和《列子》所說「然而生生死死，非物非我，皆命也」、「生非貴之所能存，身非愛之所能厚；生亦非賤之所能夭，身亦非輕之所能薄」並無不同，只是說這些事件非人力所能干預，「力」不勝「命」而已。連《列子》自己在此所下的結論也是「厚之於始，或薄之於終；薄之於終，或厚之於始。厚薄之去來，弗由我也」，這顯然也只是強調「弗由我」而已。然則，由此處「不得不」的說法非但不能證明《列子》主張一切事件之必然性，相反地，依照前面的解析，既然這只是在說「力」不勝「命」，則它也只是《列子》「命」概念的「外圍條件」，不能被視爲是對《命》概念的直接說明。

除了「不得不」並無「必然」的意涵之外，另一方面，從整個事件的角度，似乎也不能簡單地證明《列子》主張這些事件是必然的。古注之中，除了上面所說的解釋方式外，徽宗的《沖虛至德眞經義解》認爲：

> ……天下之事，時勢適然者，不得不然。召忽之死子糾，之勢不得不死也。小白之用夷吾，時不得不用也。鮑叔舉夷吾於小白，至夷吾屬齊國之事，則違鮑叔而薦隰朋，是皆視時與勢，非私我與彼者。
> 當其時，順其勢，厚薄終始，吾何容心焉耳……
> 不得不用竹刑者，時也。不得不誅鄧析者，勢也。〔註10〕

當代學者蕭登福的譯解也說「召忽並不是能夠殉死，而是不得不死（由本身性格及時機、局勢所迫，不得不死）。鮑叔並不是能推舉賢能，而是（由時、勢、性格所迫）不能不推舉。小白並不是能夠任用仇人，而是（受時、勢、性格所迫）不得不用」。〔註11〕

〔註9〕張湛《注》，見楊伯峻：《列子集釋》（北京，中華書局，1996年），頁198；江遹《沖虛至德眞經解》、林希逸《沖虛至德眞經鬳齋口義》，見蕭登福：《列子古注今譯》（同7.），頁541～542、547、553。

〔註10〕同8.，頁546。

〔註11〕同8.，頁549。

根據這種解釋，之所以會有這些「不得不」的狀況之發生，事實上都是主角處在一定的「時、勢、性格」的限制所致。同樣以「召忽不得不死」為例，這是說：因為召忽有這樣的性格，又處在這樣的時勢之下，因此他不得不死。因此，對這些特定事件而言，主角是被這些特定的性格、時、勢等因素所限制，而「不得不」如此行動的。若是如此，可以發現這些描述特定事件的語句雖然是特稱語句，但仍然是條件句。那麼，既然召忽是因為這些性格、時、勢而「不得不」死，則其實此處的「不得不」之關係只存在於「召忽受到這些性格、時、勢的限制」與「召忽之死」之間。正如全稱條件句中的「必然關係」只是其前件與後件的一種關係，因而不足以證明《列子》主張事件的必然性；就算在這些特稱條件句中的「不得不」確實有「必然」之意涵，它也只是語句中前件與後件的一種關係，不足以證明《列子》主張整個事件的必然性。此處的「不得不」僅僅是事件主角在這些限制條件下的不得不然，「召忽受到某些因素之限制而不得不死」是說在這些「因素」成立的條件下他不得不死，其語意顯然與「召忽必然會死」有很大不同。

然而，既然「召忽受到這些性格、時、勢的限制」是「召忽不得不死」的充分條件，而且這些限制的存在也是事實；那麼，如果能證明這些「性格、時、勢」等因素的存在是「必然的」，則「召忽之死」便也就是必然的了。而這便是「命定論」的解釋方式：根據命定論，一切事件之所以都是必然的，是因為它們之間由因果關係牢牢地連繫在一起；如果可以證明這些限制是必然發生的，而這些限制又是召忽之死的原因，因此召忽必然會死，則便可以證明《列子》持「命定論」之觀點。不過，在這一點上各家也有不同的說法，莊萬壽便指出「『不得不』如何如何，就是事情發生後，承認其必然性，但發生的過程，當然會有正反，或多樣發展的變化，以致產生不同的結果。這種變化的因素，是命來決定的，而所以會如此是碰巧的，也就是偶然的」〔註12〕根據這種看法，之所以會形成這些「性格、時、勢」的限制，使召忽不得不死，完全是「碰巧」的；也就是說，這些限制的發生非但不是「必然」的，相反地，它們還只是「偶然」發生的結果。若是如此，則召忽雖然「不得不死」，但整個「召忽之死」的事件便只是一個「偶然」而已。事實上，由《列子》本身的立場而言，這些「性格、時、勢」之因素作為召忽這個個別存在

〔註12〕莊萬壽：〈列子新證──列子與黃老學派思想的關係〉，（同1），頁431。按：據作者所說，此文中的觀點與他之前在《列子讀本》（見4）的看法有許多不同。

的「規定性」，其所以如此就像「九土所資，或農或商，或田或漁」一樣，根本上是「自生自化」的；因此，它們的發生究竟是「必然」還是「偶然」最後仍須由「自生自化」之意涵來決定。

　　另外，還有一段文字雖和「不得不」無關，卻有「宿命論」之嫌疑：

　　楊朱之友曰季梁。季梁得病，七日大漸。其子環而泣之，請醫。季梁謂楊朱曰：「吾子不肖如此之甚，汝奚不爲我歌以曉之？」楊朱歌曰：「天其弗識，人胡能覺？匪祐自天，弗孽由人。我乎汝乎！其弗知乎！醫乎巫乎！其知之乎？」其子弗曉，終謁三醫。一曰矯氏，二曰俞氏，三曰盧氏，診其所疾。矯氏謂季梁曰：「汝寒溫不節，虛實失度，病由飢飽色欲。精慮煩散，非天非鬼。雖漸，可攻也。」季梁曰：「眾醫也。亟屏之！」俞氏曰：「女始則胎氣不足，乳湩有餘。病非一朝一夕之故，其所由來漸矣，弗可已也。」季梁曰：「良醫也。且食之！」盧氏曰：「汝疾不由天，亦不由人，亦不由鬼。稟生受形，既有制之者矣，亦有知之者矣。藥石其如汝何？」季梁曰：「神醫也。重眖遣之！」俄而季梁之疾自瘳。（〈力命〉）

在界定「宿命論」的意涵時，我們曾經用和這個故事相似的例子來說明：「考慮和行動都是無意義的，因爲不管我們做什麼，未來都會是一樣的；以是否醫生可以使我們痊癒爲例：我是否可以痊癒是注定（fated）的，因此找不找醫生和我的痊癒無關。」這樣看來，似乎《列子》確實是「宿命論」者。然而，我們不能只由所舉事例的相同便輕易作出這樣的斷言，關鍵在於《列子》是否認定此一事件是「必然的」。這段文字的重點顯然是「天其弗識，人胡能覺？匪祐自天，弗孽由人。我乎汝乎！其弗知乎！醫乎巫乎！其知之乎？」和「汝疾不由天，亦不由人，亦不由鬼。稟生受形，既有制之者矣，亦有知之者矣。藥石其如汝何？」這兩句話。前者只是說這個現象非「天」非「我」所能干預，後者則指出有一個「制之者」來宰制這個現象。那麼，「制之者」的說法是否有「宿命論」的意涵？對此，張湛《注》認爲是說「夫死生之分，脩短之期，咸定於無爲，天理之所制矣」。張湛《注》中另一個談到「天理」的地方便是「厚之於始，或薄之於終；薄之於終，或厚之於始。厚薄之去來，弗由我也」，《注》曰「皆天理也」。﹝註13﹞姑且不管張湛的解釋，若如張《注》所說，這兩段文字所說的現象有相同的原因；那麼，既然要知道管仲對鮑叔、

────────────

﹝註13﹞張湛《注》，見楊伯峻：《列子集釋》（同 9.），頁 201、205。

隙朋的厚薄不一是否是「必然的」必須由「自生自化」入手，則要確定此處「制之者」的說法是否是「宿命論」自然也應如此。而且，由《列子》的理論來看，現象或規定性都是「自生自化」的，季梁的疾病或痊癒自然也不例外；林希逸也認為「言福佑非出於天，皆自然耳」。〔註14〕若是如此，則要確認這段文字是否有「宿命論」的意涵仍須視「自生自化」之內容來決定。

由以上的討論，我們知道在〈天瑞〉篇提到的「不得不」的語句，都是全稱的條件句，因此「不得不」只是其前件後件的一種關係，由此並不能證明《列子》主張一切事件具必然性。就算這些條件句前件之為一種「規定性」可能是「必然」的，這也必須由「自生自化」的意涵來證實。另一方面，〈力命〉篇（「農赴時」一章除外）的「不得不」語句雖然是特稱的語句，但「不得不」沒有「必然」之意涵；就算可能有，這仍然不能證明《列子》主張一切事件都是必然的。要證明這一點，我們還需要確定作為這些「不得不」之先決條件的「性格、時、勢的限制」是「必然」而非「偶然」的；然而這也只能由《列子》「自生自化」之說的意涵來決定。然而，畢竟這些「前件」或「先決條件」是否是必然的，是在「不得不」之說法之外的另一個問題。整體來說，由《列子》「不得不」的說法，並不足以認定它主張「命定論」或「宿命論」式之事件必然性。

第三節　「自生自化」之說與《列子》「命」概念的解釋方向

在前一章我們曾經提到，一般認為〈力命〉篇中所表現的「命」之理論就是「自生自化」之說在社會人生方面的運用。據學者們的說法，「命」其實也就是「自生自化」。〔註15〕從《列子》的原文來看，「命」和「自生自化」之間的關係確實是極密切的：

> 力謂命曰：「若之功奚若我哉？」命曰：「汝奚功於物而欲比朕？」
> 力曰：「壽夭、窮達、貴賤、貧富，我力之所能也。」命曰：「彭祖
> 之智不出堯舜之上，而壽八百；顏淵之才不出眾人之下，而壽十八。

〔註14〕林希逸《沖虛至德真經鬳齋口義》，見蕭登福：《列子古注今譯》（同 7.），頁561。

〔註15〕見前章注 24.；其中蕭登福明白地主張「命」就是「自生自化」，其餘學者雖無明白表示，但也採取此一立場。

> 仲尼之德不出諸侯之下，而困於陳蔡；殷紂之行不出三仁之上，而居君位。季札無爵於吳，田恆專有齊國。夷齊餓於首陽，季氏富於展禽。若是汝力之所能，奈何壽彼而夭此，窮聖而達逆，賤賢而貴愚，貧善而富惡邪？」力曰：「若如若言，我固無功於物，而物若此邪，此則若之所制邪？」命曰：「既謂之命，奈何有制之者邪？朕直而推之，曲而任之。自壽自夭，自窮自達，自貴自賤，自富自貧，朕豈能識之哉？朕豈能識之哉？」（〈力命〉）

《列子》在此，指出「力」與「命」相對的問題：「壽、夭、窮、達、貴、賤、富、貧」這些現象非人力所能干預，它們是「自壽自夭，自窮自達，自貴自賤，自富自貧」的，「自生自化」是《列子》對個別存在之所以有如此規定性之解釋。但是，「既謂之命，奈何有制之者邪」一語卻十分使人在意。在此，至少在形式上《列子》是說「壽、夭、窮、達、貴、賤、富、貧」這些現象，既非「力」之所能，亦非「命」之所制，「命」只是「直而推之，曲而任之」而已，它們根本上是「自生自化」的。由此看來，「命」和「自生自化」這兩個概念其實是可以被劃分開來的；雖然這些現象是「自生自化」的，但是「命」未必可以單純地解釋成「自生自化」。這個問題牽涉到對「命」概念的分析，我們將在下一節再來討論。至少我們知道它們之間有密切的關係，並且「自生自化」之說法是否有「命定論」或「宿命論」式之「必然性」的意涵，將影響我們對「命」之解釋方向。

前節提到，由《列子》「不得不」的說法不足以證明它主張一切事件都是必然的，但是，導致這些「不得不」之狀況的「前件」是否是必然的？這些「前件」其實是某種「規定性」，而根據我們在前一章所獲致的結論，「自生自化」是《列子》說明個別有限存在為何會有此特殊規定性——包括「存在」——的理論；因此，「自生自化」之說是否蘊涵有「一切事件都是必然的」的意涵，將是判斷《列子》是否為「命定論」或「宿命論」的最後依據。

對於「個別存在之所以有此規定性，是『自生自化』的」，我們曾提出兩種解釋方案。一是機械論式的解釋：個別存在自己是自己之所以有如此規定性的原因。一是目的論式的解釋：個別存在之所以有如此規定性，是自然而然，沒有目的好說的。雖然我們最後採取了目的論解釋的方案，為了審慎起見，我們還是檢視由這兩種方案能否推論出「必然性」的概念。

首先，就「自生自化」的機械論式解釋而言，是說：個別存在自己是自

己之所以有如此規定性的原因。這是機械地以「因果關係」來解釋個別存在之規定性。但是，這是說，個別存在之所以如此，是自己使之如此的；也就是說，自己是自己的原因。而既然所有個別存在都以自己爲原因，則個別存在之間事實上便沒有「因果關係」的連繫。可以發現，這種解釋將完全排除「命定論」成立之可能。根據「命定論」的主張，過去、現在和未來的一切事件都是固定不變的，因爲一切事件都是在其之前的其它事件之必然結果，它們之間由「因果關係」牢牢地連繫。但是，「自生自化」之機械論解釋卻主張個別存在之間並不會有「因果關係」。如果一個個別存在之所以存在，是自己使之存在，而不是其他的個別存在使之存在的，則它的存在自然也會不是在它之前的其他事件所造成的結果。如此一來，各個存在之間並無因果關係，「命定論」所說「一切事件都是在其之前的其它事件之必然結果」的主張便不能成立。因此，由「自生自化」的機械論解釋不但不能推論出「命定論」的主張，它們甚至是相互牴觸的。

另一方面，「宿命論」只是單純地主張「一切事件都是必然的」；而並不以「因果關係」來作爲支持它的理由。「自生自化」的機械論解釋固然否定了「命定論」所需要的「因果關係」，但它是否蘊涵有這種「必然性」的意涵？我們想要知道的，是召忽是否必然會處在「某種性格、時、勢」之規定性之下，或我是否必然會是「生者」；也就是說，個別存在是否「必然」會擁有如此之規定性。「自生自化」的機械論解釋是說「個別存在自己是自己之所以有如此規定性的原因」，那麼，個別存在自己是否「必然」會使自己擁有如此之規定性？從「自生自化」機械論解釋的內容看來，這只是說個別存在自己是自己所以如此的原因，倒看不出它自身是否「必然」會使之如此；事實上，認爲其中有「偶然」的因素也是很合理的，莊萬壽的說法便是一例。〔註16〕牟鍾鑒則認爲「自生自化」有幾層含意，其中之一是「萬物之生化不受物自身意志的支配，它處處表現爲盲目的必然性，亦處處表現爲盲目的偶然性」，〔註17〕如此說來，「自生自化」之作用同時既是「必然」，也是「偶然」的。然而「必然」與「偶然」其實是完全相反的觀念，就我們的主題來說，若一事件是「必然」的，則此事件是唯一可能發生的事件，它必定會發生，不發生是不可能的；其中完全沒有任何「偶然」存在的空間。所以，「自生自化」使個別存在擁有如此規定性之作用，

〔註16〕同 12.。

〔註17〕牟鍾鑒：〈對《列子》的再考辨與再評價〉，《文史哲》1985 年第 6 期，頁 50。

要不便是純粹「必然」的，要不便容許「偶然」的存在，不可能兼有二者；而從「自生自化」的機械論解釋來看，並不能確定到底會是那一種情形。因此，由「自生自化」的機械論解釋也不能證明《列子》主張「宿命論」所說的那種「必然性」。

其次，就「自生自化」的目的論式解釋而言，是說：個別存在之所以有如此規定性，是「自然而然，沒有什麼目的可言的」。這個解釋和機械論解釋不同之處在於它並非以「因果關係」的角度來說明爲何會有這些規定性，而是由「目的」的角度來加以說明；並且，這個解釋正是認爲個別存在之所以會有這些規定性並沒有任何可以提出的「目的」可言。然則，這個解釋的理論類型和「命定論」解釋的方向在本質上是完全不同的。「命定論」用「因果關係」的連繫來說明一切過去、現在、未來的事件都是必然的，在本質上這是一種「機械論」的觀點。「決定論」是「命定論」的另一譯名，馮友蘭在說明《列子》是「極端的決定論」時，也是用「天然之變化及人之活動，皆是機械的。神或人之自由、目的等，皆不能存」來說明此「決定論」的意涵。〔註18〕然而，解釋一件事的「目的」與解釋一件事在「因果關係」上的原因是完全不同的兩回事。那麼，既然「自生自化」的目的論解釋和機械論式的「命定論」二者在理論層次上完全不同，由前者便不能推論出後者：由一種解釋這些規定性之「目的」的理論，並不能推論出這些規定性是某個之前事件的必然結果。更何況「自生自化」的目的論解釋正是認爲這些規定性的存在沒有任何可以說出的「目的」可言，因此，就算能將此「目的」概念直接轉換成「因果關係」來理解，結果也將和「自生自化」的機械論解釋一樣否定「因果關係」的存在，仍將排除「命定論」成立之可能性。因此，「自生自化」的目的論解釋並不蘊涵「命定論」。

另外，在「宿命論」方面，它單純地主張「一切過去、現在、未來的事件都是必然的」；而「自生自化」的目的論解釋是說個別存在之所以有如此規定性，是「自然而然，沒有什麼目的可言的」，也就是說事實上這些規定性的存在是找不到「目的」的。那麼，由後者能否推論出前者？「必然」的觀念固然並非機械論的專利，就我們討論的主題來說，如果目的論解釋所提出的「目的」能確保這些規定性的必然存在，則「自生自化」是可能蘊涵有「宿命論」的主張；然而，「自生自化」的目的論解釋卻是說之所以有這些規定性是完全沒有「目的」可說的。另一方面，由此目的論解釋的內容來看，正如機械論解釋的情形：若

〔註18〕馮友蘭：《中國哲學史》（同1），頁621。

一個事件的發生是說不上有什麼「目的」的，它雖然可能是「必然」發生的，但也可能只是一個「偶然」，沒有理由認為只有其中一種可能性能成立。因此，由「自生自化」的目的論解釋，也並不能證明《列子》認同「宿命論」的主張。

由以上的討論，我們知道不論是「自生自化」的機械論解釋或是目的論解釋，都沒有主張「一切過去、現在、未來的事件都是必然的」的意涵，因此由它們並不能得到「命定論」或「宿命論」的主張。當然，我們仍然可以說，雖然由「自生自化」並不能推論出「命定論」或「宿命論」的觀點，但是除了機械論解釋明顯排斥「命定論」之外，機械論解釋其實並不排斥「宿命論」，目的論解釋也仍然可以和「命定論」與「宿命論」共存。然而，不被排斥是一回事，是不是《列子》所提出的主張又是一回事。《列子》認為「自生自化」是個別存在之所以會有如此規定性的原因，而「自生自化」的可能內涵已如上述；既然「自生自化」的概念並不蘊涵「命定論」與「宿命論」所要求的「必然性」，這就表示《列子》在用「自生自化」來說明這些規定性之時，並未使用此種「必然性」的概念來作解釋。前面提過，對於「自生自化」我們所採取的是「目的論解釋」的看法，而《列子》確實也認為個別存在之間有「因果關係」存在；雖然這兩者可以並存，因此以「因果關係」為主體的「命定論」可以和《列子》的「自生自化」之說相容，但是這畢竟不是《列子》的主張。因此，我們可以說《列子》確實未曾指出「一切過去、現在、未來的事件都是必然的」，也未曾主張「命定論」或「宿命論」。所以，這種以「必然性」來解釋《列子》「命」概念的方向，應該被放棄。

既然《列子》並不使用「必然性」的觀點來看待這些規定性，而「自生自化」的目的論解釋則認為之所以有這些規定性是說不出「目的」的，這將對「命」概念之解釋產生什麼影響？《列子》認為，像壽、夭、窮、達、貴、賤、富、貧這些規定性是「自生自化」的，它們非人力所能干涉；然則「命」和這些「規定性」及「自生自化」之間又有何關係？

第四節　「命」概念意涵之分析

一、「命」與「自生自化」、「現象」或「規定性」之關係

現在，我們來分析「命」概念的內涵，為此，必須由分析「命」與「規

定性」、「自生自化」這些概念之間的關係入手。《列子》指出：

> 力謂命曰：「若之功奚若我哉？」命曰：「汝奚功於物而欲比朕？」
> 力曰：「壽夭、窮達、貴賤、貧富，我力之所能也。」命曰：「彭祖
> 之智不出堯舜之上，而壽八百；顏淵之才不出眾人之下，而壽十八。
> 仲尼之德不出諸侯之下，而困於陳蔡；殷紂之行不出三仁之上，而
> 居君位。季札無爵於吳，田恆專有齊國。夷齊餓於首陽，季氏富於
> 展禽。若是汝力之所能，奈何壽彼而夭此，窮聖而達逆，賤賢而貴
> 愚，貧善而富惡邪？」力曰：「若如若言，我固無功於物，而物若此
> 邪，此則若之所制邪？」命曰：「既謂之命，奈何有制之者邪？朕直
> 而推之，曲而任之。自壽自夭，自窮自達，自貴自賤，自富自貧，
> 朕豈能識之哉？朕豈能識之哉？」（〈力命〉）

學者們都同意：《列子》認為壽、夭、窮、達、貴、賤、富、貧這些現象並非「力」
所能干涉，它們是「自生自化」的；但是對於其中「命」所說「既謂之命，奈
何有制之者邪」一語之意義，注解者們的看法並不一致。問題在於，《列子》在
此使用將「力」與「命」擬人化的表達方式，因此產生了在此對話之中的「奈
何有制之者邪」究竟何指的爭議。一種可能的解釋是：「既謂之命，奈何有制之
者邪」中的「命」，便是與「力」對話的擬人化的「命」；因此，「既謂之命，奈
何有制之者邪」便應該被理解為此一「命」並無一個外在的宰制者。另一種看
法是：根據上文「力」所問之問題「而物若此邪，此則若之所制邪」來看，此
處所「制」的對象分明是「壽、夭、窮、達、貴、賤、富、貧」這些現象，因
此下文的回答「奈何有制之者邪」也應就是指這些規定性或現象而言；也就是
說，這些規定性並無一個外在的主宰者。這兩種解釋方式各有支持者，以古注
為例，江遹認為這是說「既謂之命，則命萬物而無所聽也。如亦有制之者，安
可以為命乎」；徽宗則說「壽夭窮達，貴賤貧富，萬物之所受，蓋有制之者矣」。
〔註19〕當代學者中，莊萬壽採取前一種立場，認為這是說「儘管天命贏了，但
它並不承認有制定天命者存在」；相反地，蕭登福則傾向後者的觀點，認為這是
說「一切都是自然而然的，並無主宰在」。〔註20〕

〔註19〕徽宗《沖虛至德真經義解》、江遹《沖虛至德真經解》，見蕭登福：《列子古注
　　　　今譯》（同 7.），頁 529～530。

〔註20〕莊萬壽：〈列子新證 —— 列子與黃老學派思想的關係〉，（同 1），頁 430；蕭
　　　　登福：《列子探微》（同 3.），頁 109。

　　然而，這兩種理解方式的不同，將造成對《列子》「命」概念解釋的差異。根據前一種解釋方式，可以說《列子》提出了三層不同的概念：（1）、「命」，（2）、「壽、夭、窮、達、貴、賤、富、貧」等「規定性」或「現象」，（3）、「自生自化」。而根據第二種解釋方式，既然「既謂之命，奈何有制之者邪」中「奈何有制之者邪」是就這些規定性而言，「既謂之命」中的「命」便也應該就是這些「壽、夭、窮、達、貴、賤、富、貧」之現象。因此《列子》其實只提出兩個不同的概念：（1）、「命」，也就是「壽、夭、窮、達、貴、賤、富、貧」這些「規定性」或「現象」，（2）、「自生自化」。根據第一種說法，這些概念之間的關係是：這些「現象」是由「命」所宰制，不過「命」只是「直而推之，曲而任之」，根本上這些規定性是「自生自化」的。第二種說法則認為它們的關係是：這些現象也就是「命」，它根本沒有宰制者，它是「自生自化」的。可以發現，這兩種說法的差異關鍵在於：「命」是否是一個存在於諸現象之外而宰制這些現象的獨立存在？也就是說，是否有一個在現象之外的「命」在決定這些現象？學者們對此立場也有不同，例如：在同樣以「必然性」來解釋《列子》「命」概念的說法之中，《魏晉玄學史》認為「命」「決定著人的生死貴賤」，嚴北溟、嚴捷也認為「命」是社會上種種不平等、不合理現象的原因；〔註21〕這是將「命」視為某種決定現象的獨立存在。《中國哲學發展史》則以為「它是一種盲目的必然性，亦處處表現為偶然性，不知其所以然，對之無可奈何，這種盲目性被稱為『命』」；這雖未將「命」解釋成現象，但也認為「命」只是這些現象所表現的「盲目性」，並不是獨立於現象之外的存在。〔註22〕

　　然而，第一種解釋方式其實有理論上的困難。這種解釋主張「命」是獨立於這些規定性或現象之外的宰制者與決定者；但是根據這種說法，《列子》明白地指出「命」只是「直而推之，曲而任之」，並且，這些現象事實上是「自生自化」的。如果「命」的作用只是「直而推之，曲而任之」，就很難說它是這些現象的「宰制者」；如果這些現象是「自生自化」的，也很難說「命」是這些現象的決定者。根據我們對「自生自化」的解釋，這是說指個別存在之所以有如此規定性，是「自然而然，沒什麼目的好說的」；但是若「命」真的

〔註21〕許抗生等著：《魏晉玄學史》（同4.），頁413；嚴北溟、嚴捷：《列子譯注》（同1），前言，頁17、151。

〔註22〕任繼愈主編：《中國哲學發展史（魏晉南北朝）》（同4.），頁268～269。

是獨立於現象之外並決定現象的「決定者」，則它的決定便應該是這些規定性之所以如此的理由，那麼，個別存在之所以有如此規定性便不會是沒有目的好說的。就算以「自生自化」的「機械論解釋」來說，是說個別存在自己是自己之所以如此的原因，這和將「命」視爲現象之外的決定者的想法也不能相容。也就是說，無論我們對「自生自化」採取何種看法，都無法和這種解釋相合。也許，仍然可以聲稱「命」對現象的宰制與決定只是「不予宰制的宰制」、「不予決定的決定」，但是如此一來「命」似乎便成了一個多餘的概念：既然一切現象事實上都是「自生自化」的，又何必在這些現象之外設置一個沒有作用的「命」？

那麼，是否可以將「命」解釋成「自生自化」？這麼一來，可以保留「命」宰制者與決定者的角色，也可以兼顧《列子》用「自生自化」來解釋個別存在之規定性的事實。前面也說過，許多學者認爲「命」就是「自生自化」。那麼，現在的問題是：在「命」、「自生自化」、「現象或規定性」這三個概念之間，已知「命」不能被解釋成獨立於現象之外的存在，也已知一切「現象」事實上都「自生自化」的。在這種情況下，我們似乎有兩種選擇，一是如上所述將「命」解釋成「自生自化」，一是根據前面所說的第二種解釋方式將「命」解釋成「壽、夭、窮、達、貴、賤、富、貧、生、死」等等「現象」或「規定性」。從上面所引的原文來看，倒是看不出這兩種說法孰優孰劣。又：

> 可以生而生，天福也；可以死而死，天福也。可以生而不生，天罰也；可以死而不死，天罰也。可以生，可以死，得生得死有矣；不可以生，不可以死，或生或死有矣。然而生生死死，非物非我，皆命也。智之所無奈何。故曰，窈然無際，天道自會；漠然無分，天道自運。天地不能犯，聖智不能干，鬼魅不能欺。自然者默之成之，平之寧之，將之迎之。(〈力命〉)

> 生非貴之所能存，身非愛之所能厚；生亦非賤之所能夭，身亦非輕之所能薄。故貴之或不生，賤之或不死；愛之或不厚，輕之或不薄。此似反也，非反也；此自生自死，自厚自薄。或貴之而生，或賤之而死；或愛之而厚，或輕之而薄。此似順也，非順也；此亦自生自死，自厚自薄。鬻熊語文王曰：「自長非所增，自短非所損。算之所亡若何？」老聃語關尹曰：「天之所惡，孰知其故？」言迎天意，揣利害，不如其已。(〈力命〉)

我們在前章曾經指出，這兩段具有相同的主題：既然「生生死死，非物非我」也就是「貴之或不生，賤之或不死」；因此「窈然無際，天道自會；漠然無分，天道自運」便應該是「自生自死，自厚自薄」這類「自生自化」說法的一種普遍化的表達方式。也就是說，生死現象是自生自化的。那麼，「生生死死，非物非我，皆命也」這句話，可以被理解成「生死現象等同於命」；但是，如果用「自生自化」來代換「命」，將它解釋為「生死現象都是自生自化的」也並無不可。據前者，「命」就是這些現象或規定性，據後者，「命」就是「自生自化」。從這兩段文字來看，似乎兩者也都是可能的。〔註23〕

由一些資料看來，似乎「命」就是「自生自化」的說法較佔優勢：

> 楊朱之友曰季梁。季梁得病，七日大漸。其子環而泣之，請醫。季梁謂楊朱曰：「吾子不肖如此之甚，汝奚不為我歌以曉之？」楊朱歌曰：「天其弗識，人胡能覺？匪祐自天，弗孽由人。我乎汝乎！其弗知乎！醫乎巫乎！其知之乎？」其子弗曉，終謁三醫。一曰矯氏，二曰俞氏，三曰盧氏，診其所疾。矯氏謂季梁曰：「汝寒溫不節，虛實失度，病由飢飽色欲。精慮煩散，非天非鬼。雖漸，可攻也。」季梁曰：「眾醫也。亟屏之！」俞氏曰：「女始則胎氣不足，乳湩有餘。病非一朝一夕之故，其所由來漸矣，弗可已也。」季梁曰：「良醫也。且食之！」盧氏曰：「汝疾不由天，亦不由人，亦不由鬼。稟生受形，既有制之者矣，亦有知之者矣。藥石其如汝何？」季梁曰：「神醫也。重貺遣之！」俄而季梁之疾自瘳。（〈力命〉）

由《列子》的立場來看，季梁的疾病或痊癒應該是「自生自化」的。這裡說「稟生受形，既有制之者矣，亦有知之者矣。藥石其如汝何」，是否表示「命」就是「自生自化」，就是此「制之者」？然而，從原文來看，《列子》既未表示「制之者」是「命」，也未說它是「自生自化」。而且，考慮「自生自化」的性質與內涵，便會發現這說法似乎有困難。根據我們對「自生自化」的解釋，這是說個別存在之所以有如此規定性，是「自然而然，說不出有什麼目的的」；就此處的情況來看，應該說季梁之所以得病或痊癒，是自然而然，沒

〔註23〕事實上，許多學者在解釋「命」時往往都兼採這兩種方式。例如：蕭登福認為「命」就是「自生自化」（見15.），但他對「生生死死，非物非我，皆命也」的注解則是「然而生生死死，都不是外物所可左右，也不是我所能控制的，都是自然而然，不得不然，都是命」，這則是用「命」來形容生死現象。

什麼目的可說的。然而，「自生自化」雖是《列子》用來說明個別存在之所以會有如此規定性的「理論」，但它自身並不是這些規定性的「原因」；它也並不指出一個真正的原因或目的，它只是說這個現象是沒有目的的。而且，「自然而然、沒有目的」也只是一種形容詞性質的語彙，不能被當成一種「原因」。因此，雖然說這個現象是「自然而然，說不出有什麼目的的」，但把「自然而然，說不出有什麼目的」本身當成這個現象的「目的因」卻會是一種矛盾。因此，「自生自化」不能是現象的「制之者」。同樣地，就算以機械論式解釋來理解「自生自化」的，要將它當成「制之者」也有類似的困難：「自生自化」的機械論式解釋同樣只是說明個別存在之所以會有如此規定性的「理論」，但它自身並不是這些規定性的「原因」；就機械論解釋而言，個別存在自己才是自己之所以如此的「原因」。因此，不論我們如何理解「自生自化」，它都不會是「制之者」。

那麼，此處「制之者」的說法該如何解釋？前面曾經引述張湛《注》的看法，認為此處所談的季梁之病和「厚之於始，或薄之於終；薄之於終，或厚之於始。厚薄之去來，弗由我也」之原因相同，都是「天理」所致。〔註24〕是否如此姑且不論，如果它們的原因相同，則我們可以藉由後者來確認前者所說「制之者」的意涵。我們也曾說過，「管仲厚隰朋」這樣的事件，像「召忽之死」一樣，其事件主角是因為處在一定的時、勢、性格等等規定性之限制之下，因而「不得不」如此行動。那麼，「季梁之病」是否也可以如此理解？「稟生受形，既有制之者矣，亦有知之者矣。藥石其如汝何？」是否可以被視為「條件句」？「稟生受形」是不是「前件」？這是否是說既然季梁「稟生受形」，處在這些限制之下，因此他的或病或癒都是「不得不然」，「藥石」等等人力干預都是無用的？不論如何，可以確定「制之者」絕不可能是「自生自化」，而且這段資料也未提到「命」和「自生自化」等概念，因此並不能證明「命」就是「自生自化」。

> 農赴時，商趣利，工追術，仕逐勢，勢使然也。然農有水旱，商有
> 得失，工有成敗，仕有遇否，命使然也。（〈力命〉）

這段文字似乎是說「農赴時，商趣利，工追術，仕逐勢」是「勢」使之如此，而「農有水旱，商有得失，工有成敗，仕有遇否」則是「命」使之如此。然而，正如前面所說，如果用「自生自化」來代換「命」將會造成矛盾。如果

─────────────

〔註24〕見 13.。

「自生自化」是說這些現象都是「自然而然，說不出有什麼目的的」，而我們又主張「命」即是「自生自化」，那麼「農有水旱，商有得失，工有成敗，仕有遇否」便是「自然而然，說不出有什麼目的」使之如此了。然而「自然而然，說不出有何目的」卻只是一種形容詞性質的語彙，只是對現象之所以如此的形容和說明，它不能是這些現象的「原因」；而且，「自然而然，說不出有何目的」的意涵正是說這些現象沒有可以說明的原因，硬要將它說成是現象的原因乃是自相矛盾的作法。同樣地，「自生自化」的機械論式解釋雖然指出個別存在自己是自己所以如此的原因，但「自生自化」卻不能是這個原因，否則也將造成矛盾。由以上這兩段資料的分析，我們知道，如果「命」是宰制者、決定者，則「命」便不可能是「自生自化」，因為「自生自化」雖是解釋現象的理論，但不是現象的原因。那麼，這段文字應如何解釋？能不能說「農赴時，商趣利，工追術，仕逐勢」本身就是「勢」，而「農有水旱，商有得失，工有成敗，仕有遇否」本身就是「命」呢？如果「命」不可能是「自生自化」，「命」會是這些「現象」或「規定性」嗎？

> ……西門子曰：「北宮子言世族、年貌、言行與予並，而賤貴、貧富與予異。予語之曰：予無以知其實。汝造事而窮，予造事而達，此將厚薄之驗歟？而謂皆與予並，汝之顏厚矣。」東郭先生曰：「汝之言厚薄不過言才德之差，吾之言厚薄異於是矣。夫北宮子厚於德，薄於命，汝厚於命，薄於德。汝之達，非智得也；北宮子之窮，非愚失也。皆天也，非人也。……（〈力命〉）

的確，從這此處「北宮子厚於德，薄於命，汝厚於命，薄於德」的說法來看，要將其中的「命」解釋成「自生自化」是很困難的。「自生自化」只是說這些現象都是「自然而然，沒有目的好說的」，說它有「厚」、「薄」，這是什麼意思？由此看來，似乎將此處的「命」解釋成「賤貴、貧富」和「造事而窮、造事而達」這些「現象」更為合理。然而，將「命」解釋為「現象」或「規定性」的說法卻也有其困難：如果「命」真的只是貴賤貧富等現象，又何必另立「命」之名稱？如果「命」等同於「現象」，北宮子和西門子早就知道他們之間的遭遇有著天壤之別，又何必等東郭先生來告訴他們？另外，從「生生死死，非物非我，皆命也」及「農有水旱，商有得失，工有成敗，仕有遇否，命使然也」來看，情況也是一樣。如果「命」等同於「生生死死」之現象，則「生生死死，非物非我，皆命也」便只是同義字的代換而已，說了等

於沒說；同樣地，如果「命」就是「農有水旱，商有得失，工有成敗，仕有遇否」，這也只是無意義的同義反覆而已。然而，既然《列子》特意用「命」來描述這些現象，這就表示，假如「命」是指這些「現象」而言，它的意涵必定有不同於「現象」之處，它必定指出了某些「現象」本身所未蘊涵的意義；也就是說，「命」雖然具有和「現象」相同的「外延」，但卻有不同的「內涵」。那麼，這不同的「內涵」是什麼？

或許，「命即是自生自化」與「命即是現象」之間的距離並非那麼遙遠。前面說到，「自生自化」是說現象之所以會如此是「自然而然，說不出有什麼目的的」；而「自然而然，說不出有什麼目的」本身只是一種形容詞性質的語彙。那麼，有沒有可能「自生自化」的內容「自然而然，說不出有什麼目的」，就是《列子》所說的「命」之不同「內涵」？

二、「命」概念的意涵：「二義乖背」問題之解決

> 楊布問曰：「有人於此，年兄弟也，言兄弟也，才兄弟也，貌兄弟也；而壽夭父子也，貴賤父子也，名譽父子也，愛憎父子也。吾惑之。」
> 楊子曰：「古之人有言，吾嘗識之，將以告若。不知所以然而然，命也。今昏昏昧昧，紛紛若若，隨所爲，隨所不爲。日去日來，孰能知其故？皆命也夫！……（〈力命〉）

這是《列子・力命》篇中唯一一處對「命」概念直接加以說明的章節，在〈黃帝〉篇中，也有「不知吾所以然而然，命也」之語，說法與此相同，可知這是《列子》對「命」的正式看法。之前我們一直在分析「命」與「自生自化」、「現象」或「規定性」之間的關係，現在，此段資料將幫助我們對以上的分析作出決斷。

首先，我們雖然一開始就否決了「命是獨立於現象之外的宰制者、決定者」這一說法的可能性，但那畢竟只是就《列子》的理論型態所下的判斷。現在，《列子》清楚地說「不知所以然而然，命也」，可以發現，這和「自生自化」顯然有極爲密切的關係；「自生自化」的目的論式解釋正是說這些現象是「自然而然，說不出有什麼目的」的。從文字上看來，「不知所以然而然」是說「不知道爲什麼會這樣而這樣」。其中「不知道爲什麼會這樣（不知所以然）」就是「自然而然，說不出有什麼目的」，也就是「自生自化」之意；「而

這樣（而然）」則是指有這樣的「現象」存在。〔註25〕因此，「不知所以然而然」顯然包括「自生自化」和「現象」這兩個概念。而由整個「不知所以然而然，命也」的說法來看，「不知所以然」只是對「而然」的形容與說明，「命」所指的應該是這「不知所以然」「而然」之現象。這似乎便證實了我們的猜想：《列子》所說的「命」根本上仍是指「現象」而言，只不過「命」為這些現象加上了「自生自化」這一「內涵」；也就是說，「命」是這些「不知道為什麼會如此的現象」。無論如何，由這段文字可以證實，「命」是和「現象」、「自生自化」息息相關的概念，它不是獨立於現象之外的宰制者、決定者。

其次，我們剛剛由分析「不知所以然而然，命也」的語意，認為「命」基本上是指「現象」而言，只不過它用「自生自化」作為現象的「內涵」；這一點也可以由理論層面的分析加以佐證。《列子》說「不知所以然而然，命也」，下面又用「今昏昏昧昧，紛紛若若，隨所為，隨所不為。日去日來，孰能知其故？皆命也夫」來進一步說明；顯然後者也就是對前者的解釋。現在，假如「命」基本上不是「現象」，而是「自生自化」，會有什麼結果？在「昏昏昧昧，紛紛若若，隨所為，隨所不為。日去日來，孰能知其故」這句話中，「昏昏昧昧，紛紛若若」等等是指「現象」而言；「孰能知其故」則是「自然而然，說不出有什麼目的」之意，也就是「自生自化」。如果「命」也就是「自生自化」，那麼，這整句話應該解釋成「『這些現象是自生自化的』，這就是自生自化」。然而，這卻是一個奇怪又矛盾的說法：這是在說「自生自化」的定義，但它又是一個用自生自化來定義自生自化的循環定義；究竟自生自化是現象的形容，還是自生自化是「這些現象是自生自化的」？顯然這是荒謬的。如果我們不但認為「命」就是「自生自化」，並且將「皆命也夫」理解成「都是命造成的」，問題會更嚴重。根據這種說法，這句話便是說「『這些現象是自生自化的』，這都是自生自化造成的」；這除了會造成前面所說的矛盾之外，還須面對因為「自生自化」本身是形容詞性質的語彙，因而根本不能是任何事物的「原因」的困難。因此，「命即是自生自化」的主張是不能成立的。相

〔註25〕這是嚴北溟、嚴捷的譯解方式，見嚴北溟、嚴捷：《列子譯注》（同1），頁170。其他譯解其實也相似：如莊萬壽譯為「不知道道理的事居然實現」〔見莊萬壽：《新譯列子讀本》（同1），頁209〕；蕭登福譯為「無法知道事物為何會如此產生，而它卻又一直是這樣出現」〔見蕭登福：《列子古注今譯》（同7.），頁574〕。這些譯注顯然都包含兩個部分：1.不知道現象的原因（不知所以然）、2.現象是如此發生（而然）。

反地，既然「今昏昏昧昧，紛紛若若，隨所爲，隨所不爲。日去日來，孰能知其故？」這句話包括對「現象」的指稱和對這些現象「自生自化」的形容兩部分，則認爲它是指「不知道爲什麼會如此的現象」顯然更爲合理。下面說這些「皆命也夫」，「皆」字的使用也說明了「命」確實是指這些複數的現象而言。這些都證明「命」基本上是指「現象」而言，只不過它另外指出了這些現象所具有的「自生自化」的特性。

　　討論至此，我們應該可以對何謂《列子》「命」概念下一結語了。《列子》所謂的「命」是「一切自然而然、說不出有何目的、不知爲何如此的現象」。我們已經確定《列子》並非「命定論」或「宿命論」，因此可以知道《列子》並不持「一切事件都是必然的」這樣強烈的主張。「命」只是「一切自然而然、說不出有何目的、不知爲何如此的現象」，也是人對之無能爲力的現實之限制；這種說法，雖然也強調了人面對「命」時的「不得不」和「無能爲力」，但不像「命定論」或「宿命論」那樣徹底否定包括自由意志在內的所有人的自由。一方面，「命」只是人對之無能爲力的限制，在限制的範圍內人仍然可能有一定的選擇自由；另一方面，「命」只是殘酷的現實，人也許在面對它之時感到不自由，但仍可以自由地選擇如何面對「命」，至少也仍然可以擁有自由意志。如果毫無限制的自由本來就是不可能的，自由必定是有限制的自由，則我們也可以說根據《列子》的「命」思想人是擁有自由的。就此而言，其實我們所關心的「命定論」與「自由意志」之間「二義乖背」問題已經解決了：既然《列子》的所說「命」只是人所不能理解、無能爲力的一些「限制」，而在此之下人仍然擁有自由，則事實上《列子》只承認「自由意志」，而並不持「命定論」的立場。那麼，事實上，整個《列子》的思想體系並沒有「二義乖背」的問題。而且，既然人有自由，〈楊朱〉篇所說的種種追求「逸樂」的主張和〈力命〉篇的思想之間便沒有矛盾。

第五節　限制與超越：面對「命」之態度與方法

　　由上面的討論，我們終於確定《列子》所謂的「命」是「一切自然而然、說不出有何目的、不知爲何如此的現象」。然而，《列子》對「命」的整個看法並不只是限於對「命」的事實之討論而已。回顧《列子》討論「命」的脈絡，我們發現，它是由「力」與「命」的區別來提出「命」之概念的；《列子》認爲，「命」並非人力所能干預，也不是各種內外因素所能影響，它「自然而

然、說不出有何目的、不知爲何如此」，它就是如此這般的現實。面對這些不可理解的現實，人既然不能改善它，往往也只能在被逼迫的狀況下「不得不」採取某種被規定的行動。可以發現，《列子》所說的「命」概念本身雖然只是指一切「不知爲何如此的現象」，但《列子》整個關於「命」的說法卻十分強調「命」這些現象對人的「限制」：「命」就是那些不知爲何會如此，人對它完全無能爲力的殘酷現實。就這一點來說，可以說周紹賢「凡爲種種條件所限制，而人所無可奈何之事，皆曰命」的解釋基本上是正確的。〔註26〕然則，對《列子》而言，「命」既然是這樣殘酷而不可理解的現實，它對我們的生命勢必造成影響；我們必須有一套面對它的方式。

在〈力命〉篇中，《列子》便提出了一些關於人應該如何面對「命」的主張。首先，《列子》認爲：既然「命」就是「自然而然、說不出有何目的、不知爲何如此的現象」，是無法知道爲何會如此的，同時人力也不能對它造成影響，對它揣測計算便是無意義的行爲：

> ……鬻熊語文王曰：「自長非所增，自短非所損。算之所亡若何？」
> 老聃語關尹曰：「天之所惡，孰知其故？」言迎天意，揣利害，不如
> 其已。(〈力命〉)
> 其使多智之人量利害，料虛實，度人情，得亦中，亡亦中。其少智
> 之人不量利害，不料虛實，不度人情，得亦中，亡亦中。量與不量，
> 料與不料，度與不度，奚以異？唯亡所量，亡所不量，則全而亡喪。
> 亦非知全，亦非知喪。自全也，自亡也，自喪也。(〈力命〉)

其次，如果「命」就是不知道爲何會如此的現象，如果它就是人對之無可奈何的現實，在此一意義下，既然這些現象同樣都是人所不能掌握的客觀限制，則它們便沒有什麼不同。因此，我們沒有必要樂彼怒此，隨這些「外物」起舞：

> ……信命者，無壽夭；信理者，無是非；信心者，無逆順；信性者，
> 無安危。則謂之都亡所信，都亡所不信。眞矣愨矣，奚去奚就？奚
> 哀奚樂？奚爲奚不爲？《黃帝之書》云：『至人居若死，動若械。』
> 亦不知所以居，亦不知所以不居；亦不知所以動，亦不知所以不動。
> 亦不以眾人之觀易其情貌，亦不謂眾人之觀不易其情貌。獨往獨來，
> 獨出獨入，孰能礙之？(〈力命〉)

〔註26〕同 5.。

這並非抹殺現象之間的區別。江遹認爲「所謂亡壽夭、是非、逆順、安危者，非無之也……亦於夭壽之間，任其自然而不有之爾」，也就是說，它們固然是不同的，但是它們既然非你我所能掌握，則對我們而言究竟是壽是夭也就沒有什麼差別。甚至也沒有必要計較有沒有差別，只要任其自然就好；「都亡所信，都亡所不信」、「唯亡所量，亡所不量」便是此意。「壽夭、是非、逆順、安危」是有不同，人們也往往因爲這些差別而或去或就、或哀或樂；然而，一但知道它們都是不能掌握的「命」，知道沒有必要區別，甚至在乎它們，我們就不會被這些現象牽著走，而可以達到「奚去奚就？奚哀奚樂？奚爲奚不爲？」的境界。下文「至人居若死，動若械」等語則對此又有進一步說明。范致虛用「固未嘗以外物之變遷，而芥蒂於胸中也」來說明此一「至人」的心境。〔註 27〕對我們而言，這些現象既然是不可掌握的，大可不必在乎；我們另有可以自由掌握的東西，沒有必要讓這些「外在」的事物來干擾。因此至人「獨往獨來，獨出獨入，孰能礙之」，他是完全自由的。

可以發現，這種面對「命」的態度非常強調心靈精神的自由。「命」是不知道爲何如此，又不能改變的現實，它是我們生命的限制；但是《列子》認爲我們雖然不能實際地改變這些現實，卻可以藉由心靈的態度賦予它們不同的意義，因而在精神上超越它們。現實之中有「壽夭、是非、逆順、安危」等等區別，但是我們可以不在乎；只要不在乎就可以不被這些現象影響，它們對我而言便不再是限制，於是我們便可以超越「命」而得到完全的自由。這種自由已經不只是意志或選擇的自由而已，根據《列子》，人雖然被「命」限制，也還是可以有行爲選擇和意志上的自由，雖然只是有限度的；這種自由是實然存在的，不需要追求便能自然享有。但《列子》所嚮往的這種自由，是在心靈上完全不受外在的「命」影響，在精神上完全擺脫現實的羈絆，徹徹底底的被解放的自由；這是一種需要追求的自由，只有達到「至人」的境界方能享有。事實上，它並不是現實中眞正的自由，只是一種藉由對現實做某種主觀認定，所帶來的精神上的自在快樂的狀態，就此而言，稱它爲「自由」似乎並不恰當；但是就這種心靈態度本身是一種對現實限制所造成之不自由的超越而言，我們姑且仍稱它爲「精神」或「心靈」上的自由。《列子》說：

〔註27〕江遹《沖虛至德眞經解》，范致虛《列子解》：見蕭登福：《列子古注今譯》（同7.），頁 571、573。

> ……北宮子既歸，衣其短褐，有狐貉之溫；進其茙菽，有稻粱之味；
> 庇其蓬室，若廣廈之蔭；乘其篳輅，若文軒之飾。終身逌然，不知
> 榮辱之在彼也，在我也。東郭先生聞之曰：「北宮子之寐久矣，一言
> 而能寤，易悟也哉！」（〈力命〉）
>
> ……信命者於彼我無二心。於彼我而有二心者，不若揜目塞耳，背
> 坂面隍亦不墜仆也。故曰：死生自命也，貧窮自時也。怨天折者，
> 不知命者也；怨貧窮者，不知時者也。當死不懼，在窮不戚，知命
> 安時也。……（〈力命〉）

這是真正的自由，一但能夠用這種態度「知命安時」，他便可以超越現實生活
的種種逆境與不愉快，「當死不懼，在窮不戚」，再也不被「命」所限制。就
《列子》的意思來看，這種對現實的「不在乎」是一種達到精神自由的方法，
這是要我們面對這些現實時，超越對現實或喜或悲的反映，自現實之中超脫
出來。因此，我們應該對現實抱持一種坦然接受的態度，使自己不被現實束
縛。在理論上《列子》的這套主張並沒有敵視或忽略現實的意涵，因為對現
實的敵視或忽略本身便是被現實限制和影響的表現，而這便與追求心靈自由
的目標背道而馳。然而，一方面這套方法本來就是為了克服現實的限制而設
的，它本身就是為了對抗現實的壓迫而有的產物；另一方面，既然《列子》
所要求的只是精神與心靈的自由，相對而言，現實只是自由的障礙，是需要
被超越的對象，這不能不說是對現實的一種輕視。對《列子》而言，「命」的
現實是不能改變的，也「不得不」去應付它；但是它又是不重要的，因此最
好的方法便是隨波逐流，對它漫不經心。「居若死，動若械」的至人形象便是
這種態度的表現。顯然《列子》的主張雖在理論上不輕忽現實，事實上卻蘊
涵著一種對現實忽略、敵視的情緒。〈仲尼〉篇也曾對此提出反省：

> 仲尼閒居，子貢入侍，面有憂色。子貢不敢問，出告顏回。顏回援
> 琴而歌。孔子聞之，果召回入，問曰：「若奚獨樂？」回曰：「夫子
> 奚獨憂？」孔子曰：「先言爾志。」曰：「吾昔聞之夫子曰：『樂天知
> 命故不憂』，回所以樂也。」孔子愀然有閒曰：「有是言哉？汝之意
> 失矣。此吾昔日之言爾，請以今言為正也。汝徒知樂天之命之無憂，
> 未知樂天知命有憂之大也。今告若其實：修一身，任窮達，知去來
> 之非我，亡變亂於心慮，爾之所謂樂天知命之無憂也。曩吾修詩書，
> 正禮樂，將以治天下，遺來世；非但修一身，治魯國而已。而魯之

君臣日失其序，仁義益衰，情性益薄。此道不行一國與當年，其如
天下與來世矣？吾始知詩書、禮樂無救於治亂，而未知所以革之之
方。此樂天知命者之所憂。雖然，吾得之矣。夫樂而知者，非古人
之所謂樂知也。無樂無知，是真樂真知；故無所不樂，無所不知，
無所不憂，無所不爲。詩書、禮樂，何棄之有，革之何爲？」……
（〈仲尼〉）

從此段文字看來，「樂天知命」畢竟和「無樂無知」之「真樂真知」在境界上
有差異；對《列子》而言，「無樂無知」的態度才是真正超越「命」之限制的
態度。然而，從理論上來說，這種看法其實並未和〈力命〉篇的說法衝突：
就〈力命〉篇而言，如果我們真的能超越現實所給予我們的限制，這必定是
一種在精神上真正自由自在的解放的狀況；在這種狀況下，再也無所謂限制，
更無需超越，限制與超越在真正的解放之中將不再存在。而這就是〈仲尼〉
篇所說的「無樂無知」的境界。然而，可以發現，「樂天知命」和「無樂無知」
的界限畢竟不是十分清楚的；超越限制的「不在乎」與敵視限制的「不在乎」
之間往往難以區別。而〈力命〉篇隱約便走向了敵視現實的方向。

　　《列子》對「命」抱持的態度所蘊藏的這些意涵，在〈力命〉篇中也許
還並不顯豁。與〈楊朱〉篇相互參照，這一切將更加明顯。

第四章 〈楊朱〉篇思想之內涵——對「命」的超越與反抗

　　透過前一章對「命」概念之分析，我們知道《列子》所說的「命」是「一切自然而然、說不出有何目的、不知爲何如此的現象」。這與「命定論」或「宿命論」的主張不同，根據《列子》，「命」雖然是人對之莫可奈何的現實與限制，但是在此限制之下人仍然能擁有「自由」。就此，其實我們所關心的「二義乖背」的問題已經解決了。在此，我們將進一步探討〈楊朱〉篇思想與《列子》對「命」的態度之間的關係。一方面，〈力命〉篇既然不否認人之「自由」，因此這一主張和〈楊朱〉篇的理論後果「人皆肆情，則制不由命」〔註1〕之間固然便沒有矛盾之處。但是，「二義乖背」的原始意義是指〈力命〉、〈楊朱〉的矛盾而言，我們還只說明了在命定與自由的問題上〈力命〉、〈楊朱〉二篇之主張不相矛盾，這並不表示它們在其他問題上立場必然會一致。另一方面，〈楊朱〉篇所談的問題是屬於人應該如何運用自由此種「人生觀」之範圍；而這顯然和〈力命〉篇所提出的面對「命」的態度直接相關。因此，進一步探討〈楊朱〉篇思想的內涵是必要的。而這也將有助於我們理解《列子》對「命」的看法與態度的本質。

　　歷來學者們對《列子·楊朱》篇的思想多抱持著貶抑批判的態度，認爲它反映了魏晉時期「世族地主階級的欲望和行爲」，完全是「縱慾主義和奢侈淫逸的典型，腐朽透頂的人生觀」。〔註2〕也有學者站在較爲同情的立場，認

〔註 1〕 此是張湛《注》對「二義乖背」問題的描述。見楊伯峻：《列子集釋》（北京，中華書局，1996 年），頁 193。

〔註 2〕 舒葦：〈《列子·楊朱篇》享樂主義倫理學說批判〉，《華東師大學報（社會科學）》1965 年第 2 期，頁 22。

爲在這些士族階級的腐朽思想背後,「處處透露出無限的悲哀和深深的痛苦」,它其實是「一種對社會的絕望的哀嚎,是一種要擺脫社會壓抑的呼聲」,因此它其實也有解放思想的作用,「有其普遍性的進步歷史意義」。〔註3〕基本上,這些看法都以《列子》爲魏晉時期之作品爲前提,著重於分析〈楊朱〉篇之社會時代背景,並由此來理解其思想內涵。然而,我們不準備採取這種方法來探討〈楊朱〉篇之思想。一方面,在前面討論《列子》思想研究方法之問題時,我們已經指出:既然《列子》可能是在一段漫長時間中緩慢成書的,它並沒有一段確切的時代背景可供分析,因此我們自然也不好使用社會背景分析的方法。另一方面,正如莊萬壽所指出的,這種對亂世絕望、人生無常、及時行樂的思想,並非魏晉時期才有的專利;〔註4〕因此也不一定要將〈楊朱〉篇放在魏晉時期的社會條件中來理解。更重要的是,不管《列子》究竟是什麼時代的作品,它本身作爲一部哲學思想的著作,所討論的問題並不是特殊時空環境下的特殊問題,而是具有普遍性意義的哲學問題。固然時代與環境難免影響它的視野,但是既然它所思考與討論的問題是普遍性的問題,則就像「自由」的問題是人們所永遠關心的課題一樣,這些問題本身以及《列子》對這些問題的想法必然有其超越時代侷限的普遍意義。作爲一個思想研究者,我們更應該由普遍性的角度來理解《列子》思想的意義與價值。而對〈力命〉篇的認識,正好給了我們一個可以闡述〈楊朱〉篇人生思想普遍意義的解釋方向。

第一節　自然生命的限制:〈楊朱〉篇的「生死意識」及其與〈力命〉篇的關係

《列子·力命》篇提出了「命」之概念,強調它是人所無可奈何的現實與限制。然而,就整個〈力命〉篇談到的課題來看,它除了闡釋「命」之意義並指出人面對「命」所應該採取的態度之外,似乎還很強調「生死」問題

〔註3〕任繼愈主編:《中國哲學發展史(魏晉南北朝)》(北京,人民出版社,1988年),頁274;辛冠潔:〈《列子》評述(續)〉,《中國哲學史研究》1986年第4期,頁4;嚴北溟、嚴捷:《列子譯注》(臺北,書林出版有限公司,民國84年),前言,頁17。

〔註4〕莊萬壽:〈列子新證——列子與黃老學派思想的關係〉,《師大學報》第30期(民國74年6月),頁434~435。

之重要性。一方面，它特別說明「生死」是「命」，是人所無力掌握的客觀現實：

> 可以生而生，天福也；可以死而死，天福也。可以生而不生，天罰也；可以死而不死，天罰也。可以生，可以死，得生得死有矣；不可以生，不可以死，或生或死有矣。然而生生死死，非物非我，皆命也。智之所無奈何。……（〈力命〉）

> 生非貴之所能存，身非愛之所能厚；生亦非賤之所能夭，身亦非輕之所能薄。故貴之或不生，賤之或不死；愛之或不厚，輕之或不薄。此似反也，非反也；此自生自死，自厚自薄。或貴之而生，或賤之而死；或愛之而厚，或輕之而薄。此似順也，非順也；此亦自生自死，自厚自薄。……（〈力命〉）

另一方面，在整篇以「命」為主題的討論當中，也有一些看來與「命」不甚相關的文字：

> 齊景公游於牛山，北臨其國城而流涕曰：「美哉國乎！鬱鬱芊芊，若何滴滴去此國而死乎？使古無死者，寡人將去斯而之何？」史孔梁丘據皆從而泣曰：「臣賴君之賜，疏食惡肉可得而食，駑馬稜車可得而乘也；且猶不欲死，而況吾君乎？」晏子獨笑於旁。公雪涕而顧晏子曰：「寡人今日之游悲，孔與據皆從寡人而泣，子之獨笑，何也？」晏子對曰：「使賢者常守之，則太公桓公將常守之矣；使有勇者而常守之，則莊公靈公將常守之矣。數君者將守之，吾君方將被簑笠而立乎畎畝之中，唯事之恤，行假念死乎？則吾君又安得此位而立焉？以其迭處之迭去之，至於君也，而獨為之流涕，是不仁也。見不仁之君，見諂諛之臣。臣見此二者，臣之所為獨竊笑也。」景公慙焉，舉觴自罰。罰二臣者各二觴焉。（〈力命〉）

> 魏人有東門吳者，其子死而不憂。其相室曰：「公之愛子，天下無有。今子死不憂，何也？」東門吳曰：「吾常無子，無子之時不憂。今子死，乃與嚮無子同。臣奚憂焉？」（〈力命〉）

就前兩段文字而言，雖然可以說這是為了說明「命」概念而以「生死」為例，但是從原文看來，也可以說《列子》的原意便在於說明「生死」現象本身並非人所能干預掌握，是不知為何如此的現實。後兩段文字更是與「命」無關，只是在說明人應該如何面對「死亡」而已。〈力命〉篇共十三段文字，而以「生

死」為主題的便有四段之多，可知《列子》對此問題的重視。

　　《列子》所說的「命」是「一切自然而然、說不出有何目的、不知為何如此的現象」，它是客觀的現實與限制，人對此無可奈何。在此《列子》認為「生死」也是「命」，這也就是說：我們之所以活著是說不出有什麼目的的，不知道為什麼我們就是如此活著；而我們之所以死亡也同樣沒什麼目的可言，不知道為什麼我們就是如此地死亡。不但我們的存在與死亡沒有目的可言，我的意願對生死亦不會造成任何影響，我們對它完全無能為力。這就是說，我們的生存與死亡本身就是我們所不能理解，也無力干涉的殘酷現實。在這種認知之下，「生死」之問題顯然具有極強烈的悲劇性：「生死」本來就是人生所不能不經歷的過程，它們已經是人的限制；但《列子》更進一步指出「生死」不但是人所無能為力的現實，它更是沒有目的、不知為何如此便如此的殘酷而霸道的現實。我的生命存在是沒有目的的，這無異是說我的生命是沒有意義的。對人而言這是一個重大的壓迫，必須有一套方法來面對它。根據〈力命〉篇所說，我們面對「生死」的態度應該是：既然或生或死都是人所無法掌控的現實，那麼就此而言它們便沒有不同，可以不必區別它們。雖然不能改變生死之現實，但我們可以不去在乎它；只要不在乎便可以不被生死的現實所影響，它們的真相究竟如何便與我無關，對我而言便不再是限制。如此一來，我們便可以由「生死」的壓迫下得到解放，得到精神與心靈之自由。上面所引的後兩段原文也反映了《列子》的這種態度。〈力命〉篇對「生死」之問題提出了這樣的說明及應對方法；將可發現，這個問題在〈楊朱〉篇中有更大的重要性。

> 孟孫陽問楊朱曰：「有人於此，貴生愛身，以蘄不死，可乎？」曰：
> 「理無不死。」「以蘄久生，可乎？」曰：「理無久生。生非貴之所
> 能存，身非愛之所能厚。且久生奚為？五情好惡，古猶今也；四體
> 安危，古猶今也；世事苦樂，古猶今也；變易治亂，古猶今也。既
> 聞之矣，既見之矣，既更之矣，百年猶厭其多，況久生之苦也乎？」
> 孟孫陽曰：「若然，速亡愈於久生；則踐鋒刃，入湯火，得所志矣。」
> 楊子曰：「不然；既生，則廢而任之，究其所欲，以俟於死。將死，
> 則廢而任之，究其所之，以放於盡。無不廢，無不任，何遽遲速於
> 其間乎？」（〈楊朱〉）

學者們多同意〈楊朱〉篇中的「生死觀」是它「享樂主義」思想的前提與基

礎。〔註5〕可以發現，在此《列子》仍採用〈力命〉篇對「生死」的看法。它指出追求不死與久生都是不可能的，理由有二：第一，「理無不死」、「理無久生」；第二，「生非貴之所能存，身非愛之所能厚」。而後者不但便是〈力命〉篇的說法，連文字的使用都與〈力命〉篇完全相同；可見〈力命〉與〈楊朱〉兩篇在這一問題上的一致性。較令人注意的是，〈楊朱〉篇在此似乎認為「有生皆苦」：由「百年猶厭其多，況久生之苦也乎」的說法來看，它對「五情好惡、四體安危、世事苦樂、變易治亂」這些人類生命之現實抱持著徹底厭倦的態度。這似乎和〈力命〉篇所宣揚的「安命」態度有所不同。根據〈力命〉篇的主張，我們應該努力不被這些外在的「命」之殘酷現實影響，這些「五情好惡、四體安危、世事苦樂、變易治亂」等等現象固然是殘酷的現實，但是我們應該不去在乎它們。理論上，所謂「不在乎」並非只是單純地厭棄與漠視這些現實，這種厭棄與漠視的態度無非仍是一種被現實牽絆的表現；而是說我們面對這些現實應該採取「亡所量，亡所不量」、「奚去奚就，奚哀奚樂，奚為奚不為」的態度，超越對現實或喜或悲的反映，真正自現實之中超脫出來。我們不應該厭棄現實，只是應該使自己不被現實束縛。對比來看，〈楊朱〉篇似乎只停留在厭棄與漠視現實的層次。然而，我們在前一章也說過，雖然〈力命〉篇在理論上是如此主張，但事實上它仍然隱隱約約地表現出一種對現實忽略與敵視的態度；「至人居若死，動若械」是〈力命〉篇所舉出來的行為模範，事實上這也不免只是一種隨波逐流、漫不經心的處世態度而已。因此，在這一點上〈力命〉與〈楊朱〉之間並沒有真正的差異。下文說「既生，則廢而任之，究其所欲，以俟於死。將死，則廢而任之，究其所之，以放於盡。無不廢，無不任，何遽遲速於其間乎」，這種「無不廢，無不任」的說法也和〈力命〉篇「亡所量，亡所不量」的主張相同。因此，可以說〈力命〉與〈楊朱〉對「生死」問題的看法基本上是相同的。

　　然而，不論〈楊朱〉在此如何理解「生死」問題，它顯然以一種悲哀的

〔註5〕舒萍認為除了「萬物齊生齊死」的生死觀之外，「人欲自然」的人性論也是〈楊朱〉享樂主義的依據（見舒萍：《列子・楊朱篇》享樂主義倫理學說批判），〔同2.〕，頁26）；蔡維民則認為「為己貴己」的思想是〈楊朱〉的基礎（見蔡維民：《列子・楊朱》思想結構初探），《哲學與文化》第19卷第12期〔民國81年12月〕，頁1119～1121）。這些看法雖言之成理，但由〈楊朱〉篇原文來看，《列子》確實由「生死」問題引出所謂「享樂主義」的觀點，觀下文引文可證。

情緒來看待此一問題：我們對自己的生死無可奈何，而生命中的種種現實又令人厭倦；可以說生命就只是這樣令人難以忍受的現實而已。〈楊朱〉篇在此對生命所表現的厭棄與漠視，正反映出「生死」對它所造成的陰影有多麼巨大。既然「久生」只有「苦」，那麼，我們不禁要問，除了對它「無不廢，無不任」之外，我們的生命有沒有任何正面的意義？究竟人活著要做什麼？

> 楊朱曰：「萬物所異者生也，所同者死也。生則有賢愚、貴賤，是所異也；死則有臭腐、消滅，是所同也。雖然，賢愚、貴賤非所能也，臭腐、消滅亦非所能也。故生非所生，死非所死；賢非所賢，愚非所愚，貴非所貴，賤非所賤。然而萬物齊生齊死，齊賢齊愚，齊貴齊賤。十年亦死，百年亦死。仁聖亦死，凶愚亦死。生則堯舜，死則腐骨；生則桀紂，死則腐骨。腐骨一也，孰知其異？且趣當生，奚遑死後？」（〈楊朱〉）

此處〈楊朱〉篇的論述有兩個要點：首先，他指出萬物雖然在生之時有種種賢愚、貴賤的差異，但最後總是要歸於死亡。其次，進一步來看，這些賢愚、貴賤和生死一樣，並非人力所能干預影響。由這兩點來看，則賢愚、貴賤便沒有區別的必要。由於〈楊朱〉篇在此強調「仁聖亦死，凶愚亦死」，因此學者們多只注意到這兩點中的前者，並且認爲此段文字顯示〈楊朱〉篇贊同桀紂而貶抑堯舜的生活方式。其實此處固然強調在死亡面前，一切賢愚、貴賤的分別都沒有意義，但也用「生非所生，死非所死；賢非所賢，愚非所愚，貴非所貴，賤非所賤」的理論來說明「萬物齊生齊死，齊賢齊愚，齊貴齊賤」；而後者對「生死」及賢愚、貴賤這些規定性的說法顯然與〈力命〉篇相同。另一方面，不論是由「仁聖亦死，凶愚亦死」，還是由「賢非所賢，愚非所愚，貴非所貴，賤非所賤」的角度來看，此處的文意應該只是說沒有必要對堯舜桀紂作出區別；「腐骨一也，孰知其異」的說法可以爲證。順此，下文的「且趣當生，奚遑死後」也可以被理解爲一種超越世俗賢愚、貴賤的生活方式，而不一定指桀紂的縱慾生活。整體來看，此處的意見仍然與〈力命〉篇一致。值得注意的是此處提出了在死亡之前一切現實的分別都沒有意義的看法。如果人終究難免一死，則在生時這些賢愚、貴賤的分別也只是一時的差異而已，與終將面對的死亡相比，這些分別有什麼意義？不只如此，如果我終究要死，則此刻我做什麼、不做什麼又有什麼差別？人生還有什麼值得努力、關心？死亡是一種限制，在此限制之前一切都將失去意義。這種死亡的陰影，深深

反映在〈楊朱〉篇的行文中：它重複地強調「十年亦死，百年亦死。仁聖亦死，凶愚亦死」，又重複地說「生則堯舜，死則腐骨；生則桀紂，死則腐骨」；這充分顯示了這個陰影對〈楊朱〉篇作者所造成之壓迫。正因爲死亡是如此殘酷的現實與限制，是難以逃避的巨大陰影，因此〈楊朱〉篇才有「且趣當生，奚遑死後」的想法：何必在意賢愚、貴賤這些無意義的事情？

> 楊朱曰：「天下之美歸之舜、禹、周、孔，天下之惡歸之桀紂。然而舜耕於河陽，陶於雷澤，四體不得暫安，口腹不得美厚；父母之所不愛，弟妹之所不親。行年三十，不告而娶。及受堯之禪，年已長，智已衰。商鈞不才，禪位與禹，戚戚然以至於死：此天人之窮毒者也。鯀治水土，績用不就，殛諸羽山。禹纂業事讎，惟荒土功，子產不字，過門不入；身體偏枯，手足胼胝。及受舜禪，卑宮室，美紱冕，戚戚然以至於死：此天人之憂苦者也。武王既終，成王幼弱，周公攝天子之政。邵公不悅，四國流言。居東三年，誅兄放弟，僅免其身，戚戚然以至於死：此天人之危懼者也。孔子明帝王之道，應時君之聘，伐樹於宋，削迹於衛，窮於商周，圍於陳蔡，受屈於季氏，見辱於陽虎，戚戚然以至於死：此天民之遑遽者也。凡彼四聖者，生無一日之歡，死有萬世之名。名者，固非實之所取也。雖稱之弗知，雖賞之不知，與株塊無以異矣。桀藉累世之資，居南面之尊，智足以距群下，威足以震海內；恣耳目之所娛，窮意慮之所爲，熙熙然以至於死：此天民之逸蕩者也。紂亦藉累世之資，居南面之尊；威無不行，志無不從；肆情於傾宮，縱欲於長夜；不以禮義自苦，熙熙然以至於誅：此也。彼二凶也，生有從欲之歡，死被愚暴之名。實者，故非名之所與也，雖毀之不知，雖稱之弗知，此與株塊奚以異矣。彼四聖雖美之所歸，苦以至終，同歸於死矣。彼二凶雖惡之所歸，樂以至終，亦同歸於死矣。」（〈楊朱〉）

這段文字與前段一樣，被認爲有贊許桀紂，非薄舜禹周孔之意。的確，由此處稱桀紂爲「天民之逸蕩者」、「天民之放縱者」，而稱舜禹周孔爲「天人之窮毒者」、「天人之憂苦者」、「天人之危懼者」、「天民之遑遽者」的語氣來看，確是如此。但是，從它強調「彼四聖雖美之所歸，苦以至終，同歸於死矣。彼二凶雖惡之所歸，樂以至終，亦同歸於死矣」，以及桀紂舜禹周孔死後都「毀之弗知」、「賞之不知」、「與株塊無以異」的說法來看，這是說：不論桀紂和

舜禹周孔生前作爲有何不同，最後都將同歸於死；而死後無知，因此生前有何作爲便不重要；也就是說，既然終歸一死，則桀紂和舜禹周孔並無差別。對此，徽宗的注解認爲這是說「聖智凶愚，所稟固異；及歸於盡，未始不同。然則名實奚辯？憂樂奚擇？」范致虛也認爲其意爲「仁聖亦死，凶愚亦死，烏睹其所以異？」，〔註6〕也都認爲這是強調在死亡的限制之下，其實桀紂舜禹周孔並無不同。那麼，此段文字其實也有與前段相同的意旨，都是說：在死亡的限制之前，一切生前的是非作爲都是一樣的，都將失去意義。同樣地，由此處重複地說「彼四聖雖美之所歸，苦以至終，同歸於死矣。彼二凶雖惡之所歸，樂以至終，亦同歸於死矣」的語氣，我們也可以感受到「死亡」對〈楊朱〉篇作者而言，是多麼重要的壓迫與問題。

> 楊朱曰：「太古之事滅矣，孰誌之哉？三皇之事若存若亡，五帝之事若覺若夢，三王之事若隱若顯，億不識一。當身之事或聞或見，萬不識一。目前之事或存或廢，千不識一。太古至於今日，年數固不可勝紀。但伏羲已來三十餘萬歲，賢愚、好醜、成敗、是非，無不消滅；但遲速之間耳。矜一時之毀譽，以焦苦其神形，要死後數百年中餘名，豈足潤枯骨？何生之樂哉？」（〈楊朱〉）

在此，〈楊朱〉篇延續上述的看法，認爲一切「賢愚、好醜、成敗、是非」都是暫時的，早晚都會消失。既然人終將死亡，在生之時的這些差異也終將隨之消滅，則是賢是愚、是好是醜又有何差別？成敗是非又有什麼意義？在此〈楊朱〉篇更將這種看法擴大到歷史觀照的層次：與整個時間結構的尺度相比，人是多麼渺小、多麼微不足道。在時間與歷史的長河中，有多少人物與事件不斷地發生又消逝；面對這麼廣大的時間與歷史洪流，一個人的賢愚、好醜、成敗、是非只不過是廣闊波瀾中的一個旋起旋滅的小泡沫而已，有誰會記得這些小事呢？這些根本算不了什麼，根本不重要。對整個時間結構而言，它們到底如何根本沒有意義。然則，根據〈楊朱〉篇的這種主張，既然對我們而言，我們的生命是如此的短暫與渺小，以致於我們的一生有何內容、有何作爲根本不重要，而且這些內容也終將隨著我們的死亡而消滅；則我們的生命內容與一切努力、作爲通通都是無意義的。那麼，又何必「矜一時之毀譽，以焦苦其神形，要死後數百年中餘名」呢？這些都是無意義的。

〔註6〕徽宗《沖虛至德眞經義解》，范致虛《列子解》；見蕭登福：《列子古注今譯》（臺北，文津出版社，民國79年），頁652～653。

　　從前面一路看下來，我們可以發現，「生死」的限制對〈楊朱〉篇的作者而言，是一個巨大的陰影及壓迫。〈楊朱〉篇清楚體認到：人的生命本身是一個難以忍受的痛苦現實，而人對自己的生死卻無能為力。那麼，人生有什麼意義？有沒有可以追求的目標？也許我們可以追求生命內容與價值的提昇吧。但是，人生的種種生命內容與價值像生死一樣，是人力所無可奈何的客觀現實。更重要的是，人是難免一死的；既然人遲早會死，而這些內容與價值也終將隨著死亡消失無蹤，則生命有何內容與價值又有什麼差別？提不提昇又有什麼不同？又有什麼意義？由整個時間與歷史的角度來看，人是如此渺小而短暫的存在，人的生命更顯得毫不重要、毫無意義。那我們還有什麼可以追求？有什麼值得努力的呢？由〈楊朱〉篇行文的語氣來看，這些事實的確深深地困擾著〈楊朱〉篇的作者。

　　就此而言，〈楊朱〉篇顯然以更為激越的態度來看待「生死」的問題。就理論上而言，〈楊朱〉篇對「生死」的基本認識是和〈力命〉篇一致的。它們都認為「生非貴之所能存，身非愛之所能厚」，也都認為既然生死以及生命的內容或價值，都非人力所能干預，則它們的區別便沒有意義。然而，雖然〈力命〉篇對「生死」問題的看法已經帶有強烈的悲劇性質；但對〈楊朱〉篇而言，「生死」所造成的壓迫與陰影更是巨大。生命的現實令人痛苦，死亡則使我們生命中的一切都喪失意義，在廣大的時間之中人生根本什麼都不是；〈楊朱〉篇突出強調了「生死」這一現實與限制的殘酷。由此出發，〈楊朱〉篇指出，生命的事實是痛苦的，我們應該用「無不廢，無不任」的態度面對這些殘酷的現實；它說在死亡的限制之前生命中的一切都沒有意義，因此「矜一時之毀譽，以焦苦其神形，要死後數百年中餘名，豈足潤枯骨？何生之樂哉？」，我們應「且趣當生，奚遑死後」才是。確實，這種面對生死的態度和〈力命〉篇所提出的原則一致，都希望藉由「不在乎」來擺脫現實加諸於我們的限制；只要對這些現實「不在乎」，不隨著現實起舞，便能夠快樂一些。但是比起〈力命〉篇來，這些應對生死的態度顯得更為悲愴：這是人在面對沒有意義而痛苦的生命時為追求「解脫」的所做的掙扎。這種「解脫」固然和〈力命〉篇所說一樣，是一種在精神與心靈上擺脫現實限制的「自由」，但是在〈楊朱〉篇的「生死」陰影籠罩之下，這種「自由」有著更強烈的避免痛苦的意味。可以發現整個〈楊朱〉篇對生死問題的敘述，都強烈反映出這種逃脫死亡的陰影的渴望。

這並不是說〈力命〉與〈楊朱〉兩篇的思想不一致。正如前面所說，這兩篇對生死問題的基本看法是相同的，都認為「生死」是人力所不能干預的客觀現實。而〈楊朱〉篇的其他看法，例如生命之痛苦、在死亡的限制之前一切區別都無意義等等主張，雖為〈力命〉篇所無，但也和〈力命〉篇的說法相容，並無矛盾「乖背」之處。〈楊朱〉篇確實以較悲觀的角度來看待「生死」問題，它所說的面對生死的態度確實也較有悲愴的味道，但這只是一種關注角度的不同，並未造成理論系統的差異；更何況〈力命〉篇對「生死」問題之看法本來就有悲劇性的意味存在。事實上，我們可以將〈楊朱〉篇中「生死」的悲愴性視為是〈力命〉篇中生死看法之延伸，也可以將〈楊朱〉篇對生死問題的看法視為是《列子》「命」理論的一個特殊運用。也就是說，在生死問題上，它們的意見並沒有「二義乖背」的情形；非但如此，〈楊朱〉篇的想法可以讓我們更加了解《列子》對「命」看法的本質。

第二節 「享樂主義」思想的意義與內涵

一、從「理無不死」到「且趣當生」：對社會限制的超越與反抗

「享樂主義」思想是〈楊朱〉篇的主要內容，也是其特色所在。然而，雖說「生死觀」是〈楊朱〉篇「享樂主義」人生觀的基礎，但是，究竟上述的生死觀與〈楊朱〉篇所謂的「享樂主義」思想之間有何關係卻不是一個單純的問題。只由理論的層次來看，誠如辛冠潔所指出的：由「理無不死」、「死為腐骨」的思想也可以引出積極的人生觀；這種生死觀與縱慾享樂的思想之間並無必然的聯繫。〔註7〕然而，由〈楊朱〉篇的原文來看，《列子》確實是由對生死的認識過渡到「享樂主義」思想的。然則，為了掌握「享樂主義」立說的意義，我們有必要弄清楚這二者之間的關係。

> 楊朱曰：「百年，壽之大齊。得百年者千無一焉。設有一者，孩抱以逮昏老，幾居其半矣。夜眠之所弭，晝覺之所遺，又幾居其半矣。痛疾哀苦，亡失憂懼，又幾居其半矣。量十數年之中，逌然而自得亡介焉之慮者，亦亡一時之中耳。則人之生也奚為哉？奚樂哉？為美厚爾，為聲色爾。而美厚復不可常厭足，聲色不可常

〔註7〕辛冠潔：〈《列子》評述（續）〉，（同3.），頁5。

觀聞。乃復爲刑賞之所禁勸，名法之所進退；遑遑爾競一時之虛
譽，規死後之餘榮；偊偊爾順（慎）〔註8〕耳目之觀聽，惜身意之
是非；徒失當年之至樂，不能自肆於一時。重囚累梏，何以异哉？
太古之人知生之暫來，知死之暫往；故從心而動，不違自然所好；
當身之娛非所去也，故不爲名所勸。從性而游，不違萬物所好；
死後之名非所取也，故不爲刑所及。名譽先後，年命多少，非所
量也。」（〈楊朱〉）

這段文字清楚地顯示了〈楊朱〉篇由人命短促的生死觀引導出「享樂主義」
思想的歷程，因此常被學者拿來當成「享樂主義」的理論基礎。這段文字的
前半部所談的內容顯然是「生死」問題的延續。根據〈楊朱〉篇的「生死觀」，
我們知道人的生命是短暫而渺小的存在，生命的現實令人痛苦，而死亡的限
制使人生的一切都變得毫無意義。人生已經是這樣殘酷的現實了，但根據此
處的說法，就算在這樣短暫的一生之中，我們的生命仍然受到許多限制。扣
除「孩抱」、「昏老」、「夜眠」、「晝覺」這些我們所不能掌握的部分，以及處
在「痛疾哀苦，亡失憂懼」中的痛苦部分，人生還有多少時候是「逌然而自
得亡介焉之慮」的呢？如果生命的真相是如此，人活著到底爲了什麼？在這
段論述之中，其實包含兩個層面的問題：

第一、由原文來看，「百年，壽之大齊」是殘酷的現實，人對此無可奈何；
「孩抱」、「昏老」、「夜眠」、「晝覺」是我們生命之中不能掌握、沒有自主權
的部分；而「痛疾哀苦，亡失憂懼」是生命中痛苦、精神不得自由的部分。
這些是〈楊朱〉篇「生死觀」的看法的延伸。而面對生命中這些慘酷的限制
和現實，〈楊朱〉篇非常渴望一種完全自由自在、無憂無慮、「逌然而自得亡
介焉之慮」的生活。可以發現，這和〈力命〉篇所說的面對「命」的態度在
本質上相同，都是一種面對現實的壓迫時，對精神與心靈自由的渴望。這些
「壽之大齊」、「孩抱」、「昏老」等等是人所無能爲力的限制，是不能改變的
痛苦現實；但我們可以在精神上超越這些現實的限制，使我們的心靈得到快
樂與自由。前面也提到，〈楊朱〉篇對生死的看法強烈反映出一種想要避免痛
苦及逃脫死亡陰影的渴望，可以與此相印證。

第二、面對如此這般的生命現實，〈楊朱〉篇所提出的另一個問題是「人
之生也奚爲哉」；也就是生命之意義的問題。而〈楊朱〉篇的回答方式，是將

〔註8〕慎、順古字通。見楊伯峻：《列子集釋》（同1），頁219～220。

這個問題與人生「奚樂哉」的問題等同起來。由上下文來看，〈楊朱〉篇之所以會問人之生「奚樂哉」正是因為人生有太多「壽之大齊」、「孩抱」、「昏老」等等的限制和「痛疾哀苦，亡失憂懼」的痛苦，而太少「逌然而自得亡介焉之慮」的快樂；因此此處「奚樂哉」的發問其實是一種想逃避痛苦與追求心靈自由的反應。就〈楊朱〉篇而言，在生命意義的問題上抱持這種想法是可以理解的。生命只是如此渺小而微不足道，又令人痛苦的現實；而在死亡的限制之下人的一切努力都沒有意義。既然追求意義是不可能的，那還能做什麼呢？如果什麼都不能做，就讓我們設法避免痛苦吧。對〈楊朱〉篇而言，逃避痛苦與追求心靈自由是人生唯一可以做的事。

而以上這兩點又可以在內容上得到統一；亦即：在此〈楊朱〉篇渴望逃離生命限制所帶來的痛苦，追求一種精神及心靈上的自由。這段文字的後半部所說的也是同樣的意思。此處固然認為人的快樂在於對「美厚聲色」的追求，但由行文方式來看，其實這裡更加強調「刑賞、名法」對人所造成的限制。〈楊朱〉篇認為：基於種種客觀條件的限制，「美厚聲色」本身已經不是常常可以得到的享受，這是現實的限制，人對此無可奈何；但是「刑賞、名法」更是在此之外的新的限制，它們是束縛人心靈自由的枷鎖，使人類對自我的行為設限。〈楊朱〉篇用「重囚累梏」來形容這種限制對人的傷害。它們不但使人在心靈上自我設限而「偊偊爾順（慎）耳目之觀聽」，增加人生的限制；更使人「遑遑爾競一時之虛譽，規死後之餘榮」、「惜身意之是非」，而前面已經說過，根據〈楊朱〉篇的看法，對這些虛譽、餘榮、是非等的追求都是無意義的。然則這種「重囚累梏」要不是使人對自我設限，就是使人沉溺於追逐無意義的事物；人的生命現實已經有太多限制和痛苦了，這些「重囚累梏」又帶來新的人為的限制和痛苦。因此〈楊朱〉篇之所以對「刑賞、名法」持反對態度的理由，是和它追求精神與心靈之自由的主張一致的。如果說，生命的現實是「自然的限制」，則這些「重囚累梏」就是「社會的限制」；而我們必須從這些限制中超脫出來。這是一種反抗社會現實的束縛，並追求心靈自由的聲音，並非單純地追求享樂而已。江遹也認為：「夫列子之設心，豈欲使斯民自肆於聲色之娛哉？蓋深醜乎遑遑競虛譽者之無益於身，不若縱脫而趨當生之樂者為猶愈爾。」〔註9〕就〈力命〉篇的理論來看，這種趨當生之樂而反抗「重囚累梏」的態度仍不免是一種被限制的象徵，但是〈力命〉

〔註9〕江遹《沖虛至德真經解》，見蕭登福：《列子古注今譯》（同 6.），頁 609。

篇本身也有這種敵視現實的狀況。而且，此處「從心而動，不違自然所好；當身之娛非所去也，故不爲名所勸。從性而游，不違萬物所好；死後之名非所取也，故不爲刑所及。名譽先後，年命多少，非所量也」的說法豈不是和〈力命〉篇所說的「亦不知所以居，亦不知所以不居；亦不知所以動，亦不知所以不動。亦不以眾人之觀易其情貌，亦不謂眾人之觀不易其情貌。獨往獨來，獨出獨入，孰能礙之？」在精神境界上十分相似？

由此觀之，〈楊朱〉篇「享樂主義」思想的意義及它與「生死觀」之間的關係便很清楚了。面對生命現實的殘酷與限制，〈楊朱〉篇渴望避免痛苦，追求心靈的自由，並且認爲這是人生唯一可以做的事。而對「刑賞、名法」的反抗或「享樂主義」的思想，則是這種對心靈自由的渴望在社會生活上的延伸。正是因爲如此，可以發現，在所謂「享樂主義」的思想中，反抗社會限制之「重囚累梏」的意味比追求縱慾生活的成份更濃厚得多。

> 子產相鄭，專國之政；三年，善者服其化，惡者畏其禁，鄭國以治。諸侯憚之。而有兄曰公孫朝，有弟曰公孫穆。朝好酒，穆好色。朝之室也聚酒千鍾，積麴成封，望門百步，糟漿之氣逆於人鼻。方其荒於酒也，不知世道之安危，人理之悔吝，室內之有亡，九族之親疏，存亡之哀樂也。雖水火兵刃交於前，弗知也。穆之後庭比房數十，皆擇稚齒婑媠者以盈之。方其耽於色也，屏親昵，絕交遊，逃於後庭，以晝足夜；三月一出，意猶未惬。鄉有處子之娥姣者，必賄而招之，媒而挑之，弗獲而後已。子產日夜以爲戚，密造鄧析而謀之，曰：「僑聞治身以及家，治家以及國，此言自於近至於遠也。僑爲國則治矣，而家則亂矣。其道逆邪？相奚方以救二子？子其詔之！」鄧析曰：「吾怪之久矣，未敢先言。子奚不時其治也，喻以性命之重，誘以禮義之尊乎？」子產用鄧析之言，因間以謁其兄弟，而告之曰：「人之所以貴於禽獸者，智慮。智慮之所將者，禮義。禮義成，則名位至矣。若觸情而動，耽於嗜慾，則性命危矣。子納僑之言，則朝自悔而夕食祿矣。」朝穆曰：「吾知之久矣，擇之亦久矣，豈待若言而後識之哉？凡生之難遇而死之易及。以難遇之生，俟易及之死，可孰念哉？而欲尊禮義以夸人，矯情性以招名，吾以此爲弗若死矣。爲欲盡一生之歡，窮當年之樂。唯患腹溢而不得恣口之飲，力憊而不得肆情於色；不遑憂名聲之醜，性命之危也。且若以

治國之能夸物，欲以說辭亂我之心，榮祿喜我之意，不亦鄙而可憐
哉？我又欲與若別之。夫善治外者，物未必治，而身交苦；善治內
者，物未必亂，而性交逸。以若之治外，其法可暫行於一國，未合
於人心；以我之治內，可推之於天下，君臣之道息矣。吾常欲以此
術而喻之，若反以彼術而教我哉？」子產忙然亡以應之。它日以告
鄧析。鄧析曰：「子與真人居而不知也，孰謂子智者乎？鄭國之治偶
耳，非子之功也。」（〈楊朱〉）

此處公孫朝、公孫穆兄弟好酒好色的生活態度，一向被視為〈楊朱〉篇鼓吹
縱慾荒淫思想的證據。然而，更值得注意的是子產與朝、穆兄弟在言談之間
所反映出的信念。子產勸喻其弟的理由是「人之所以貴於禽獸者，智慮。智
慮之所將者，禮義。禮義成，則名位至矣」，顯然對他而言「禮義」只是謀求
「名位」的工具而已。他又勸兩人說「子納僑之言，則朝自悔而夕食祿矣」。
然則子產之所以勸朝、穆兄弟棄酒色而向禮義，並不是因為「酒色」與「禮
義」這兩者在道德上有什麼善惡或是非的區別；只是因為禮義可以帶來名位
俸祿，而酒色不能。對朝、穆而言，這種心態是「鄙而可憐」的，他們認為
「凡生之難遇而死之易及。以難遇之生，俟易及之死，可孰念哉？而欲尊禮
義以夸人，矯情性以招名，吾以此為弗若死矣」；只為了要誇耀於人，為了要
得到名聲，就得要限制自己、強迫自己去「尊禮義」、「矯情性」，這比死還令
人痛苦。可以發現在此〈楊朱〉篇的說法與前面相同：「禮義」只會使人對自
我設限，使人沉溺於追逐無意義的聲名利祿，而這些都和追求精神自由的目
標背道而馳，這只是人生的「重囚累梏」而已。對〈楊朱〉篇而言，比起子
產這種被世俗禮義所限制而沉溺於追逐利祿的生活，朝、穆這種沉溺於酒色
的生活至少在精神上自在得多。由此看來，與其說朝、穆的生活方式是縱慾
享樂，不如說是對社會限制的束縛的一種激烈反抗。固然朝、穆二人「為欲
盡一生之歡，窮當年之樂。唯患腹溢而不得恣口之飲，力憊而不得肆情於色；
不遑憂名聲之醜，性命之危也」的生活確實是一種縱慾的享樂生活，但是我
們也可以說〈楊朱〉篇的用意在於藉這種激烈的反抗來突出「禮義」等「重
囚累梏」之不合理。值得注意的是，朝、穆兄弟表示自己對「禮義」等社會
限制「知之久矣」，對縱慾生活也「擇之亦久矣」；這是經過深思熟慮之後所
做的選擇。前章提過，《列子》承認人是有自由的，雖然只是在一定限度下的
自由。在此，〈楊朱〉篇顯然並不滿足於擁有這種有限的自由，而希望在行動

上反抗這些現實的限制。這更說明了〈楊朱〉篇對現實的敵視態度。不論如何,在這種享樂生活的背後,朝、穆兄弟所懷抱的仍是一份對逃離社會的限制,得到心靈自由的渴望。

二、追求精神愉悅與自由的「享樂主義」

如上所說,〈楊朱〉篇事實上渴望逃避現實生活的限制與痛苦,而得到精神心靈上的自由與解放。這種追求,在〈楊朱〉篇中表現為對自然與社會現實的敵視與反抗,而這種反抗是以「享樂主義」的方式表現的。然而,我們也可以發現,「享樂主義」作為一種反抗現實的方式,即使就它的內涵而言,它也並非只是一種對「美厚聲色」等等物質生活的追求和感官慾望的滿足而已:

> 晏平仲問養生於管夷吾。管夷吾曰:「肆之而已,勿壅勿閼。」晏平仲曰:「其目奈何?」夷吾曰:「恣耳之所欲聽,恣目之所欲視,恣鼻之所欲向,恣口之所欲言,恣體之所欲安,恣意之所欲行。夫耳之所欲聞者音聲,而不得聽,謂之閼聰;目之所欲見者美色,而不得視,謂之閼明;鼻之所欲向者椒蘭,而不得嗅,謂之閼顫;口之所欲道者是非,而不得言,謂之閼智;體之所欲安者美厚,而不得從,謂之閼適;意之所欲為者放逸,而不得行,謂之閼性。凡此諸閼,廢虐之主。去廢虐之主,熙熙然以俟死,一日、一月、一年、十年,吾所謂養。拘此廢虐之主,錄而不舍,戚戚然以至於久生,百年、千年、萬年,非吾所謂養。」管夷吾曰:「吾既告子養生矣,送死奈何?」晏平仲曰:「送死略矣,將何以告焉?」管夷吾曰:「吾固欲聞之。」平仲曰:「既死,豈在我哉?焚之亦可,沉之亦可,瘞之亦可,露之亦可,衣薪而棄諸溝壑亦可,袞衣繡裳而納諸石槨亦可,唯所遇焉。」管夷吾顧謂鮑叔黃子曰:「生死之道,吾二人進之矣。」(〈楊朱〉)

學者們多認為此處「肆之而已,勿壅勿閼」的說法是一種縱慾享樂思想,它鼓勵我們放縱自己耳目鼻口體意的慾望,恣意地享受物質生活。從表面上看來,這確實是在鼓吹物質享受。但仔細觀察此處的說法,五官慾望的放恣只是對「勿壅勿閼」的說明;這裡只是說我們不應該阻礙感官慾望的自然表現,但並沒有說感官的享受必須達到何種程度。那麼,此處所追求的應該是五官

享受的「自由」，而非五官「享受」本身；而這種不受客觀現實束縛，自然地表現感官欲望的「自由」，顯然更是一種精神上的解放。鄭曉江便認爲這是一種對「精神上的愉悅」的追求：「所謂『肆之』、『恣意』，都指人精神與意識的開放，不要有意去改變其所好所向或損益其所好所向的程度」、「『欲』指人心理世界的指向，因此，『樂生』的關鍵就在於『放逸』，即精神意識超脫於任何世俗禮法、人爲的道德風俗，亦即社會的種種束縛，而以本來的面貌性質和指向顯現出來。」〔註10〕江適也認爲：

> 子列子之學於老商子，三年之後，心不敢念是非，口不敢言利害，則於口之所欲言，意之所欲行，莫得而恣也。故老商見之，始一解顏而笑。至於九年之後，橫心之所念，橫口之所言，則於是乎得恣而肆之，勿壅勿過矣，故老商許其內外盡矣。所謂恣耳之聽，恣目之視，恣鼻之向，恣體之安，亦若是而已。非曰猒足於聲色嗅味以犯人理之所惡，然後爲恣也。〔註11〕

這只是一種心靈的解放而已，和我們前面的說法相同。而對「送死」方式的態度也說明了〈楊朱〉對現實限制的不在乎。那麼，此處〈楊朱〉篇所追求的，事實上並不是物質欲望的滿足，而是超越社會限制的精神心靈上的自由。也就是說，從內涵上來說，與其說「享樂主義」追求的是物質的享樂，不如說是心靈上的享樂。

> 衛端木叔者，子貢之世也。藉其先貲，家累萬金。不治世故，放意所好。其生民之所欲爲，人意之所欲玩者，無不爲也，無不玩也。牆屋臺榭，園囿池沼，飲食車服，聲樂嬪御，擬齊楚之君焉。至其情所欲好，耳所欲聽，目所欲視，口所欲嘗，雖殊方偏國，非齊土之所產育者，無不必致之；猶蕃牆之物也。及其游也，雖山川阻險，塗逕修遠，無不必之，猶人之行咫步也。賓客在庭者日百住，庖廚之下不絕煙火，堂廡之上不絕聲樂。奉養之餘，先散之宗族；宗族之餘，次散之邑里；邑里之餘，乃散之一國。行年六十，氣幹將衰，棄其家事，都散其庫藏、珍寶、車服、妾滕。一年之中盡焉，不爲

〔註10〕鄭曉江：〈《列子·楊朱篇》人生哲學探微〉，《江西大學學報（哲學社會科學版）》1988 年第 3 期，頁 15。

〔註11〕同 9，頁 622；按：此處「子列子學於老商子」的說法，出自〈黃帝〉篇與〈仲尼〉篇。

> 子孫留財。及其病也,無藥石之儲;及其死也,無瘞埋之資。一國
> 之人受其施者,相與賦而藏之,反其子孫之財焉。禽骨釐聞之,曰:
> 「端木叔,狂人也,辱其祖矣。」段干生聞之,曰:「端木叔,達人
> 也,德過其祖矣。其所行也,其所爲也,眾意所驚,而誠理所取。
> 衛之君子多以禮教自持,固未足以得此人之心也。」(〈楊朱〉)

此處端木叔的生活型態被認爲是〈楊朱〉篇所鼓勵的「享樂主義」之典型。
端木叔這種「生民之所欲爲,人意之所欲玩者,無不爲也,無不玩也」的作
爲確實是極端縱慾奢侈的生活方式。但是,考察〈楊朱〉篇的語意,難道段
干生對端木叔「德過其祖」、「其所行也,其所爲也,眾意所驚,而誠理所取」
的評價,是指他這種縱慾享樂的生活而言嗎?〈楊朱〉篇對端木叔的描述,
除了這種縱慾的生活方式外,還包括他「奉養之餘,先散之宗族;宗族之餘,
次散之邑里;邑里之餘,乃散之一國」,以及「行年六十,氣幹將衰,棄其家
事,都散其庫藏、珍寶、車服、妾媵。一年之中盡焉,不爲子孫留財。及其
病也,無藥石之儲;及其死也,無瘞埋之資」的作爲。如果端木叔的生活中
只有縱慾享樂,則他也不過是個很普通的有錢人而已;就〈楊朱〉篇的文意
來看,這種和常人不同不同之處,才應是段干生肯定端木叔的原因。綜觀端
木叔的爲人,包括他的縱慾生活以及這些接濟鄉黨的作爲與不爲子孫留財的
氣度,都顯示出他對財產的達觀。他對錢財完全抱持著不在乎的態度,也不
受世俗財產概念的約束,任意地拿來使用揮霍,或救濟他人;這是一個眞正
不被金錢所束縛的人。事實上,這就是一種能夠不被社會世俗的限制所約束,
眞正在精神與心靈上自由自在的人的典型。而這也就是〈楊朱〉篇眞正所要
標舉的生活態度。顯然此處的「享樂主義」也是重視精神更甚於物質的。

> 楊朱曰:「伯夷非亡欲,矜清之郵,以放餓死。展季非亡情,矜貞之
> 郵,以放寡宗。清貞之誤善之若此!」(〈楊朱〉)
>
> 楊朱曰:「原憲窶於魯,子貢殖於衛。原憲之窶損生,子貢之殖累身。」
> 「然則窶亦不可,殖亦不可;其可安在?」曰:「可在樂生,可在逸
> 身。故善樂生者不窶,善逸身者不殖。」(〈楊朱〉)

〈楊朱〉篇在此批評了伯夷、展季、原憲、子貢四人的生活方式。首先,在
關於原憲與子貢方面,由此處的文意來看,顯然〈楊朱〉篇在意的並不是「窶」
或「殖」這些物質條件的差別,而是它們所造成的「損生累身」的後果;之
所以說「窶亦不可,殖亦不可」,是因爲這種物質條件會拖累我們自己,使我

們不得「樂生逸身」。對〈楊朱〉篇而言，真正重要的是生命的「逸、樂」與否，而不是物質條件的好壞。那麼，如果生命的「逸、樂」與否並不等於物質條件的好壞，而是取決於是否被物質條件所拖累，則此處所說的「逸、樂」顯然並非物質享受所帶來的快樂，而是一種不被物質條件所拖累的快樂。這就說明了此處所追求的「享樂」並不是物質性的，而是精神性的。物質條件的好壞是客觀現實的一部分，因此，這種不被物質條件拖累的快樂事實上也就是超越現實限制的快樂，是一種精神上不受束縛的自由。

由此出發，來看伯夷與展季的問題，可以發現〈楊朱〉篇批評他們之處，在於他們「矜清之郵、矜貞之郵」的執著態度。對〈楊朱〉篇而言，「清、貞」作為一種世俗社會的價值，就像前面所說的「刑賞、名法」或「禮義」一樣，是一種社會的限制。我們應該使自己的精神超越在這些限制之外，不要被這些「重囚累梏」所束縛；而伯夷展季非但不能做到這一點，還過度陷溺在對「清、貞」的矜持之中，以致於不但在精神上被這些限制所束縛，還造成了現實上「餓死、寡宗」的悲慘結果。在此，〈楊朱〉篇所要表達的意思與前面相同。

> 楊朱曰：「生民之不得休息，為四事故：一為壽，二為名，三為位，四為貨。有此四者，畏鬼、畏人、畏威、畏刑：此謂之遁民也。可殺可活，制命在外。不逆命，何羨壽？不矜貴，何羨名？不要勢，何羨位？不貪富，何羨貨？此之謂順民也。天下無對，制命在內。故語有之曰：人不婚宦，情欲失半；人不衣食，君臣道息。周諺曰：田父可坐殺。晨出夜入，自以性之恆；啜菽茹藿，自以味之極；肌肉麤厚，筋節䏰急，一朝處以柔毛綈幕，薦以粱肉蘭橘，心痛體煩，內熱生病矣。商魯之君與田父侔地，則亦不盈一時而憊矣。故野人之所安，野人之所美，謂天下無過者。……」（〈楊朱〉）

這段文字完全表現了〈楊朱〉篇追求心靈自由的渴望。在此，〈楊朱〉篇對人們被社會現實所限制，而失去精神自由的狀況深表同情：人生就是因為被現實生活中這些「壽、名、位、貨」所限制和牽引，才會如此紛擾痛苦。在這些現實的擺佈之下，人變得對這些身外之物患得患失，不得寧靜；並且「制命在外」，沒有真正的自主與自由。說「制命在外」，並不是說人在追逐這些外物時沒有意志自由，人們仍然是自願地追逐這些「壽、名、位、貨」的；此處之所以說「制命在外」，是因為人們不能從這些現實的限制中超脫出來，得到自在與快樂以及

精神上的自由，而被這些限制牽著鼻子走。正如鄭曉江所說：「爲追求這些身外之物所形成的畏懼感使人的精神世界極度緊張，事實上就是人的異化。」〔註12〕這是一種被現實壓迫所造成精神性的痛苦，而擺脫痛苦的唯一方法，便只有破除這些「精神枷鎖」對我們所造成的壓迫，不再被現實所限制。當我們不再「在乎」這些「壽、名、位、貨」之現實時，我們便能夠無所畏懼，並且掌握自己，「制命在內」，得到超脫現實限制的快樂和自由。這說明了〈楊朱〉篇所要求的確實是一種超越現實的羈絆的精神自由。

　　另一方面，由這段文字，更可以確定〈楊朱〉篇「享樂主義」這種精神的、非物質性的內涵。〈楊朱〉篇不但認爲我們不應追逐「壽、名、位、貨」，甚至認爲「人不癙宦，情欲失半；人不衣食，君臣道息」；正如嚴北溟、嚴捷及蔡維民所說，這是一種要求節制物質欲望，並鼓勵精神滿足的主張。〔註13〕在另一段文字中，〈楊朱〉篇也說「豐屋美服，厚味姣色。有此四者，何求於外？有此而求外者，無厭之性。無厭之性，陰陽之蠹也」；而這同樣也是一種限制物質欲望的主張。由此看來，〈楊朱〉篇所主張的「享樂主義」確實並不是一種一味追求物質享受的思想。事實上，它要求人們滿足於自己本有的物質生活和現實條件，重要的人自我心靈的平靜與愉悅。正如「田父」和「商魯之君」各自有其熟悉的生活環境一樣，人們只要在心靈上不被這些現實所限制，則物質條件的好壞並不足以影響我們的快樂。正如鄭曉江所說：「長期以來，人們把《楊朱篇》的人生觀視爲純粹的追求物質享樂的肉欲主義，這是有失偏頗的。」〔註14〕它事實上重視的是精神層面的愉悅與滿足；而這種愉悅與滿足是由超越現實的精神自由所帶來的。

　　由以上的討論，我們知道〈楊朱〉篇的「享樂主義」，事實上是一種逃避現實生命的痛苦，及追求精神與心靈的自由解放的態度。這種態度與〈楊朱〉篇的生死觀有著深厚的關係：如果說〈楊朱〉篇的生死觀表達出一種強烈的逃脫自然生命的痛苦和束縛的渴望，則「享樂主義」便是這種渴望在社會現實方面的延伸。社會上的種種限制是人生的「重囚累梏」，我們應該使自己的心靈超越這些束縛，得到眞正的自由；這些主張和〈力命〉篇對「命」的說

〔註12〕同 10.，頁 16。
〔註13〕嚴北溟、嚴捷：《列子譯注》（同 3.），前言，頁 20；蔡維民：《〈列子・楊朱〉思想結構初探〉，（同 5.），頁 1121〜1123。
〔註14〕同 10.，頁 15。

法相同。但是〈楊朱〉篇也和〈力命〉篇一樣，對現實限制的超越往往演變成爲一種輕忽甚至敵視現實的態度；而「享樂主義」便是這樣一種激烈反抗社會現實的主張。另一方面，從「享樂主義」本身的內涵來看，它也並不只是一種追求物質欲望之滿足的主張而已；相反地，由〈楊朱〉篇看來，它真正重視的是精神與心靈上的快樂，而這正符合「享樂主義」原來追求精神自由的意義。同樣地，這裡並沒有「二義乖背」的情形，透過〈楊朱〉篇反而能使我們更加了解《列子》的想法。

第三節　「爲我主義」思想及「名實」問題

除了「享樂主義」之外，〈楊朱〉篇還有部分的章節是討論「爲我主義」和「名實」問題的。首先，在「爲我主義」方面：孟子曾批評楊朱「楊子取爲我，拔一毛而利天下，不爲也」、「楊氏爲我，是無君也」（《孟子》〈盡心上〉、〈滕文公下〉）；但《列子・楊朱》篇中對「爲我主義」思想的描述顯然和孟子的理解有很大差距：

> 楊朱曰：「伯成子高不以一毫利物，舍國而隱耕。大禹不以一身自利，一體偏枯。古之人損一毫利天下不與也，悉天下奉一身不取也。人人不損一毫，人人不利天下，天下治矣。」禽子問楊朱曰：「去子體之一毛以濟一世，汝爲之乎？」楊子曰：「世固非一毛之所濟。」禽子曰：「假濟，爲之乎？」楊子弗應。禽子出語孟孫陽。孟孫陽曰：「子不達夫子之心，吾請言之。有侵若肌膚獲萬金者，若爲之乎？」曰：「爲之。」孟孫陽曰：「有斷若一節得一國，子爲之乎？」禽子默然有閒。孟孫陽曰：「一毛微於肌膚，肌膚微於一節，省矣。然則積一毛以成肌膚，積肌膚以成一節。一毛固一體萬分中之一物，奈何輕之乎？」禽子曰：「吾不能所以答子。然則以子之言問老聃關尹，則子言當矣；以吾言問大禹墨翟，則吾言當矣。」孟孫陽因顧與其徒說他事。（〈楊朱〉）

〈楊朱〉篇和先秦楊朱之學之間的關係並非我們關心的焦點；但正如學者們所指出的，〈楊朱〉篇的這種主張顯然並不是一種狹隘的利己思想。它固然主張「損一毫利天下不與也」，但同時也提出「悉天下奉一身不取也」的想法；這只是說在個人與群體這兩者之間，不應該有犧牲一個以成就另一個的情況發生。它也認爲只要「人人不損一毫，人人不利天下」，只要人人都能獨善其

身，只關注自身的事務，便可以達成平治天下的效果；就此而言，這其實更是一套帶有利他主義的色彩的政治理想。正如鄭曉江所說，這種爲我主義並不是損人利我的利己主義，而「只能是『離人利我』類型的爲我主義，即擺脫人際關係、社會交往，只求自性滿足和身心愉悅」；另一方面，作爲一套政治哲學，〈楊朱〉篇的這種想法固然是一種近乎幻想的理想主義，但從理論的層面來看，這種「以不損人爲前提的極端利己（爲我）主義和極端的利人主義實質都是一樣的」，〔註15〕具有利它主義的特色。

「爲我主義」的另一個主張，是對自我保存的重視。〈楊朱〉篇認爲自身遠比身外之物重要；一毛雖小，但「積一毛以成肌膚，積肌膚以成一節。一毛固一體萬分中之一物，奈何輕之乎」，因此假使去一毛能濟天下，也不應該爲之。它又說：

> 楊朱曰：「人肖天地之類，懷五常之性，有生之最靈者也。人者，爪牙不足以供守衛，肌膚不足以自捍禦，趨走不足以從利逃害，無毛羽以禦寒暑，必將資物以爲養，任智而不恃力。故智之所貴，存我爲貴；力之所賤，侵物爲賤。然身非我有也，既生，不得不全之；物非我有也，既有，不得而去之。身固生之主，物亦養之主。雖全生，不可有其身；雖不去物，不可有其物。有其物，有其身，是橫私天下之身，橫私天下之物。不橫私天下天下之身，不橫私天下物者，其唯聖人乎！公天下之身，公天下之物，其唯至人矣！此之謂至至者也。」（〈楊朱〉）

這段文字也被認爲是關於「爲我主義」的說明。其中「智之所貴，存我爲貴」的說法正和自我保存的主張相呼應；同時它提出了「力之所賤，侵物爲賤」、「公天下之身，公天下之物」等主張，這也和「悉天下奉一身不取也」的說法相合。因此，有些學者認爲這段文字是整個「爲我主義」的理論基礎。

然而，由整個〈楊朱〉篇的角度來看，我們不禁要問，這種「爲我主義」的主張，和〈楊朱〉篇的「享樂主義」思想有何關係？一些學者的看法是：「爲我主義」是「享樂主義」思想的基礎；〈楊朱〉篇由強調利己和自我保存的「貴己」立場出發，推衍出重視縱慾享樂的「重生」思想。然而，觀察〈楊朱〉篇的說法，即使「享樂主義」是指純粹的物質享受及感官慾望的滿足而言，在「爲我主義」和「享樂主義」這兩者之間似乎也沒有必然的關連。根據〈楊朱〉篇

〔註15〕 同 10.，頁 17～18。

的說法，由「智之所貴，存我爲貴」的自我保存觀點，可以說人「必將資物以爲養」是合理的；但人即使不過著縱慾享樂的生活也能夠完成自我保存，人也不需要太多的物質享受就能做到「資物以爲養」；也就是說，僅只由自我保存的觀點和「必將資物以爲養」的合理性並不足以說明爲何人應該過極端縱慾享樂的生活。另一方面，「損一毫利天下不與也」固然有利己的味道，但是利己也未必一定要採取享樂的生活方式；更別說「悉天下奉一身不取也」、「力之所賤，侵物爲賤」、「公天下之身，公天下之物」這些主張了，它們和縱慾享樂的生活態度更是沒有關係。另一種看法則是將這二者的次序調換過來。嚴北溟、嚴捷認爲：〈楊朱〉篇主張縱慾的享樂主義，但它也承認別人的欲望；因此，必須有一套方法來調節人與人之間種種欲望的關係。而「損一毫利天下不與也，悉天下奉一身不取也。人人不損一毫，人人不利天下」便是〈楊朱〉篇所提出的調節人與人之間欲望之關係的方法。〔註16〕這種看法固然在理論上是合理的，但是若考慮到「享樂主義」事實上並不只是一種主張物質享受的思想，它更重視的是精神上的自由與愉悅，則這個解釋便有其不足之處。既然它注重與追求的是精神上的快樂，而這種精神快樂或追求它的欲望本身也只是個人的私有經驗，則根本不會有人與人之間欲望相衝突的情形，要如何解釋「爲我主義」的必要性？那麼，有沒有更好的解釋呢？還是說〈楊朱〉篇的「享樂主義」和「爲我主義」只是兩套互不相干的思想？

　　〈楊朱〉篇中另一個被認爲在宣揚「爲我主義」的章節是「子產相鄭，專國之政」這一段文字：

> ……朝穆曰：「……我又欲與若別之。夫善治外者，物未必治，而身交苦；善治内者，物未必亂，而性交逸。以若之治外，其法可暫行於一國，未合於人心；以我之治内，可推之於天下，君臣之道息矣。
> 吾常欲以此術而喻之，若反以彼術而教我哉？」……（〈楊朱〉）

朝、穆兄弟過著反抗禮義、縱情酒色的生活，而〈楊朱〉篇卻認爲，假如人人都過著像朝、穆兄弟這樣的生活，結果將比一般政治制度的成效好得多。這和「人人不損一毫，人人不利天下，天下治矣」一樣是一種政治理想；而由朝、穆兄弟只管追求自己的精神解放，不問世事的態度來看，在實際內容上，這也和「爲我主義」的理想一樣，是一種認爲只要人人都只關注自己的事務天下便可太平的主張。因此，這也被視爲是〈楊朱〉篇「爲我主義」的說明。值得注

〔註16〕嚴北溟、嚴捷：《列子譯注》（同 3.），前言，頁 19。

意的是，此處在陳述此一政治理想時，用「君臣之道息矣」來形容其效果；有
學者認爲這表示〈楊朱〉篇痛恨有君臣關係的政治結構，嚮往「無君」或「無
政府」的社會。〔註17〕的確，「損一毫利天下不與也，悉天下奉一身不取也。人
人不損一毫，人人不利天下，天下治矣」這種主張有切斷個人與社會之連繫的
意味；對它而言，既然只要人人都獨善其身便能平治天下，則理論上君臣關係
等等政治結構便都是多餘的。然而，這尚不足以窮盡此「無君」思想之意涵。
就「子產相鄭，專國之政」這一段的意旨來看，如同前面所說，朝、穆兄弟的
行爲其實是一種掙脫「禮義」等世俗社會之限制，而追求精神之解放與自由的
抗爭。〈楊朱〉篇認爲「禮義」只是人生的「重囚累梏」，人必須讓自己的心靈
超越這些限制的束縛。由此出發，可以發現〈楊朱〉篇正是在此一意義之下反
對君臣關係的政治結構，而主張無君思想的。這些政治結構無非都是一種世俗
社會所造成的人爲限制，它們束縛了我們的自主與自由；相反地，只要人們能
得到精神上的解放和心靈的自由，一切政治活動也就不必要存在了。如上所述，
如果追求精神上的自由與自主正是〈楊朱〉篇主張無君思想的理由，則這也就
是它主張「損一毫利天下不與也，悉天下奉一身不取也」的意義所在，而「享
樂主義」注重與追求的也是精神上的快樂與自在；那麼，「爲我主義」與「享樂
主義」便可以在此得到內涵上的統一。

　　其實，就「損一毫利天下不與也，悉天下奉一身不取也。人人不損一毫，
人人不利天下，天下治矣」的原文來看，〈楊朱〉篇也強烈地表達了人不應該
爲了社會現實而陷溺自我的想法。一毛固然微小，但也是對社會現實的陷溺；
「積一毛以成肌膚，積肌膚以成一節」，最終必將爲了這些虛妄無聊的世俗限
制喪己殉身。對此段的意旨，江遹如此解釋：

> 人於愛身則是之，於愛一毛則非之，弗思甚也。嘗觀人之有生，貴則
> 治賤，卑則事尊，終身役役，無非爲物，曾無一毫之爲己。曷亦不思
> 我之生也，其以我也？其亦爲人而生我也？如其在我，則我奚爲而不
> 自爲耶？且將以爲人也。我之不能自治，又奚以爲人哉？〔註18〕

人一生辛苦勞碌，往往只是一味盲目地競逐外物，從來不曾想想自己到底爲
誰而活，爲何而活。難道人活著的目的就只是在追逐外物，追逐這些社會現
實而已？爲何人不能多爲自己考慮一點？〈楊朱〉篇認爲，陷溺在外物之中，

〔註17〕如莊萬壽便持此看法；同 4.，頁 434。
〔註18〕同 9.，頁 647。

被現實所束縛是十分可悲的事，人應該努力使自己由這些限制中超脫出來；而「損一毫利天下不與也，悉天下奉一身不取也」的態度正是這種精神的表現。人不應該「損一毫利天下」，因為這是被社會世俗價值牽引而損傷自己的行為；也不應該「悉天下奉一身」，因為這同樣是被社會世俗利益牽引而拖累自己的行為。人們只會在這些世俗束縛中迷失自己而已。因此，「為我主義」其實是〈楊朱〉篇面對種種社會的限制所提出的解決方案，它要求的是能獨立於社會現實之外的精神自主與自由。前面「自我保存」的說法也應該在此脈絡下來理解。正如鄭曉江所說，這種「『達人』的人生境界才是〈楊朱〉篇為我主義的本質所在」。〔註19〕就此而言，其實「為我主義」與〈楊朱〉篇「享樂主義」對「制命在內」境界的追求是一致的。

其次，是關於「名實」的問題：正如莊萬壽所指出的，雖然〈楊朱〉篇談「名實」問題，但事實上它所說的「名」只是「名聲」而已。〔註20〕大多數學者對〈楊朱〉篇名實問題的看法可以歸納如下：「實」指的是物質享受或人生歡樂之實，而「名」指的是名聲，包括當生及死後之名在內。而〈楊朱〉篇主張「重實輕名」。它認為：1.追求「名」是無意義的，因為人死後無知，究竟死後聲名如何對死人而言根本沒有意義；既然如此，倒不如趁在生之時盡情享受、追求歡樂之「實」，而不要去理會聲名如何。2.然而，「名」也並非一無可取，在「名」可以帶來「實」的狀況之下，它也具有工具性的價值，因此我們可以追求這種有利之「名」。3.只是，我們應當注意不要「守名而累實」，真正要追求的是「實」。如果將「享樂主義」視為只是一種追求物質享受與肉慾滿足的思想，則這些看法是和「享樂主義」完全相合的；正是因為「重實輕名」，所以我們可以毫無顧忌地縱情享樂。然而，〈楊朱〉篇對「名實」問題的看法是否全然是如此？

首先，「實」是否只是指物質享受或歡樂之實？還是有其他意涵？〈楊朱〉篇固然反對追求「名」，但它是否主張追逐享樂之「實」？〈楊朱〉篇中被認為鼓吹「重實輕名」思想的篇章包括以下這些我們曾經引述的章節：

> 楊朱曰：「萬物所異者生也，所同者死也……然而萬物齊生齊死，齊賢齊愚，齊貴齊賤。十年亦死，百年亦死。仁聖亦死，凶愚亦死。

〔註19〕同 10.，頁 16～18。

〔註20〕莊萬壽：〈列子楊朱篇的思想〉，《師大國文學報》第 3 期（民國 63 年 6 月），頁 158。

> 生則堯舜，死則腐骨；生則桀紂，死則腐骨。腐骨一也，孰知其異？
> 且趣當生，奚遑死後？」（〈楊朱〉）

> 楊朱曰：「太古之事滅矣，孰誌之哉？三皇之事若存若亡，五帝之事
> 若覺若夢，三王之事若隱若顯，億不識一。當身之事或聞或見，萬
> 不識一。目前之事或存或廢，千不識一。太古至於今日，年數固不
> 可勝紀。但伏羲已來三十餘萬歲，賢愚、好醜、成敗、是非，無不
> 消滅；但遲速之間耳。矜一時之毀譽，以焦苦其神形，要死後數百
> 年中餘名，豈足潤枯骨？何生之樂哉？」（〈楊朱〉）

這裡固然說「且趣當生，奚遑死後」、「矜一時之毀譽，以焦苦其神形，要死
後數百年中餘名，豈足潤枯骨？何生之樂哉」，前面提過，這兩段的意旨主要
在說明人生中種種現實的差異在死亡與歷史的限制之前都是無意義的。正
是因為如此，所以〈楊朱〉篇認為追求「死後數百年中餘名」根本也是無意
義的行為。但是，追求死後之名是無意義的，並不蘊涵人應該縱慾享樂。而
且，此處也並沒有關於人應該追求物質享樂之「實」的說法；「且趣當生，奚
遑死後」只是說人應該重視當下而不應該在乎死後之名，卻沒有鼓勵人縱慾
享樂的意味。如果，所謂「且趣當生」的說法便是〈楊朱〉篇「重實」思想
的表示，那麼，這是否表示〈楊朱〉所謂的「實」並不只是縱慾享樂的意思？

> 楊朱曰：「天下之美歸之舜、禹、周、孔，天下之惡歸之桀紂。……
> 凡彼四聖者，生無一日之歡，死有萬世之名。名者，固非實之所取
> 也。雖稱之弗知，雖賞之不知，與株塊無以異矣。……彼二凶也，
> 生有從欲之歡，死被愚暴之名。實者，故非名之所與也，雖毀之不
> 知，雖稱之弗知，此與株塊奚以異矣。彼四聖雖美之所歸，苦以至
> 終，同歸於死矣。彼二凶雖惡之所歸，樂以至終，亦同歸於死矣。」
> （〈楊朱〉）

由這段文字來看，〈楊朱〉篇確實有贊許桀紂，非薄舜禹周孔之意。但是，前
面提到，這段文字的主要意旨仍然和前面兩段一樣，也認為桀紂舜禹周孔都
一樣要終歸塵土，在死亡的限制之前他們並沒有什麼不同。那麼，其實對〈楊
朱〉篇而言，桀紂舜禹周孔的生活方式應該沒有差別。而此處這種贊許桀紂
而非薄舜禹周孔的說法也是可以理解的。以「子產相鄭，專國之政」一章中
的朝、穆兄弟的狀況而言，他們的縱慾行為是一種對世俗社會限制的反抗；〈楊
朱〉篇認為，就算過著這樣縱慾荒淫的生活，也比被社會現實所束縛在精神

上要自由得多。因此與其說〈楊朱〉篇主張縱慾生活倒不如說它反對世俗禮教。以此模式來解釋此處贊許桀紂而非薄舜禹周孔的說法，可以說：〈楊朱〉篇主張「名者，固非實之所取也」、「實者，故非名之所與也」的「重實輕名」思想，它認爲與其像舜禹周孔那樣陷溺於對「名」的追求，還不如像桀紂那樣樂以至終算了。因此，與其說〈楊朱〉篇贊許桀紂的行爲，倒不如說它反對人汲汲追求「名」的行爲。也就是說，這不能證明〈楊朱〉篇眞的鼓勵縱慾生活。重要的是，既然〈楊朱〉篇用「名者，固非實之所取也」來形容舜禹周孔，則此處的「實」應當是指他們的實際生活內容而言；既然如此，此「實」的內容絕對不是物質享受或縱慾之歡。

其次，〈楊朱〉篇之所以反對追求「名」，也並不只是因爲人死後無知，所以「名」沒有意義而已：

> ……則人之生也奚爲哉？奚樂哉？爲美厚爾，爲聲色爾。而美厚復不可常厭足，聲色不可常翫聞。乃復爲刑賞之所禁勸，名法之所進退；遑遑爾競一時之虛譽，規死後之餘榮；偊偊爾順耳目之觀聽，惜身意之是非；徒失當年之至樂，不能自肆於一時。重囚累梏，何以異哉？太古之人知生之暫來，知死之暫往；故從心而動，不違自然所好；當身之娛非所去也，故不爲名所勸。從性而游，不違萬物所好；死後之名非所取也，故不爲刑所及。名譽先後，年命多少，非所量也。」（〈楊朱〉）

> 楊朱曰：「生民之不得休息，爲四事故：一爲壽，二爲名，三爲位，四爲貨。有此四者，畏鬼、畏人、畏威、畏刑：此謂之遁民也。可殺可活，制命在外。不逆命，何羨壽？不矜貴，何羨名？不要勢，何羨位？不貪富，何羨貨？此之謂順民也。天下無對，制命在內。……」（〈楊朱〉）

〈楊朱〉篇將「名」視爲是社會限制的一部分。前面提過，對人而言，這些「刑賞名法」、「壽、名、位、貨」等等世俗社會所創造的人爲限制，只會使人對自己的生命設限，在無意義的外物追逐中迷失而已；它們是人的「重囚累梏」與精神枷鎖，使人「制命在外」，不得自由。因此，對〈楊朱〉篇而言，「名」是我們必須超越的社會限制，必須超越它才能得到精神上的自主與自由。有些學者也提出類似的看法：如鄭曉江認爲正是因爲名「不過是人爲的虛文而已」，因此〈楊朱〉篇才表現出強烈的「非名貴實」主義傾向；李增也

認爲「名實」的恰當涵義當是名教與自然。〔註 21〕固然這些多是由魏晉玄學的歷史背景出發所獲得的結論，但純就理論而言，這也和我們的看法相同。正是因爲「名」是社會世俗的限制，是必須超越的現實束縛，因此〈楊朱〉篇反對追逐「名」。〈楊朱〉篇又說：

> 楊朱游於魯，舍於孟氏。孟氏問曰：「人而已矣，奚以名爲？」曰：
> 「以名者爲富。」「既富矣，奚不已焉？」曰：「爲貴。」「既貴矣，
> 奚不已焉？」曰：「爲死。」「既死矣，奚爲焉？」曰：「爲子孫。」
> 「名奚益於子孫？」曰：「名乃苦其身，燋其心。乘其名者，澤及
> 宗族，利兼鄉黨；況子孫乎？」「凡爲名者必廉，廉斯貧；爲名者
> 必讓，讓斯賤。」曰：「管仲之相齊也，君淫亦淫，君奢亦奢。志
> 合言從，道行國霸。死之後，管氏而已。田氏之相齊也，君盈則
> 己降，君斂則己施。民皆歸之，因有齊國；子孫享之，至今不絕。」
> 「若實名貧，僞名富。」曰：「實無名，名無實。名者，僞而已矣。
> 昔者堯舜僞以天下讓許由善卷，而不失天下，享祚百年。伯夷叔
> 齊實以孤竹君讓而終亡其國，餓死首陽之山。實、僞之辨，如此
> 其省也。」（〈楊朱〉）

由文字上來看，這似乎是說「名」可以帶來富貴，又可以澤及子孫宗族；因此，許多學者認爲此段文字說明了〈楊朱〉篇主張追求有利之「名」，即「僞名」的立場。但是，由這段文字的語氣來看，它是眞的主張人應該追求有利之名嗎？它眞的認爲人應該追求「僞名」，而非「實名」嗎？牟鍾鑒便認爲，這是對一般封建士大夫執迷功名富貴心理的諷刺。〔註 22〕確實，觀察〈楊朱〉篇的行文，由「實無名，名無實。名者，僞而已矣」的說法來看，它事實上對「名」抱持著十分憎惡的態度，認爲一切「名」都是虛僞可鄙的。「昔者堯舜僞以天下讓許由善卷，而不失天下，享祚百年。伯夷叔齊實以孤竹君讓而終亡其國，餓死首陽之山。實、僞之辨，如此其省也」的說法表面上是在說明堯、舜追求「僞名」的好處，但仔細玩味〈楊朱〉篇的語氣，便可以感受到〈楊朱〉篇對堯、舜虛僞欺世之行爲的憤怒與不滿。對〈楊朱〉篇而

〔註21〕鄭曉江：〈《列子‧楊朱篇》人生哲學探微〉，（同 10.），頁 17；李增：〈《列子、天瑞、楊朱篇》人生哲學比較研究〉，《國立政治大學哲學學報》第 1 期（民國 83 年 5 月），頁 114。

〔註22〕牟鍾鑒：〈對《列子》的再考辨與再評價〉，《文史哲》1985 年第 6 期，頁 53。

言，「名」只是一種欺騙虛僞的象徵。如果說〈楊朱〉篇認爲「名」是人必須超越的社會限制，則它對「名」的這種激烈批判態度便不足爲奇；因爲正如前面所說，在〈力命〉篇《列子》對現實之限制的超越方式便帶有強烈敵視現實的意味。因此，〈楊朱〉篇不但反對追求「名」，事實上更強烈地敵視「名」。這些都說明〈楊朱〉對「名」的看法並不如多數學者所設想的那麼單純。

最後，是〈楊朱〉篇仍然接受「名」的理由：

> 楊朱曰：「豐屋美服，厚味姣色。有此四者，何求於外？有此而求外者，無厭之性。無厭之性，陰陽之蠹也。忠不足以安君，適足以危身；義不足以利物，適足以害生。安上不由於忠，而忠名滅焉；利物不由於義，而義名絕焉。君臣皆安，物我兼利，古之道也。鬻子曰：『去名者無憂。』老子曰：『名者實之賓。』而悠悠者趨名不已。名固不可去，名固不可賓邪？今有名則尊榮，亡名則卑辱。尊榮則逸樂，卑辱則憂苦。憂苦，犯性者也；逸樂，順性者也。斯實之所係矣。名胡可去？名胡可賓？但惡夫守名而累實。守名而累實，將恤危亡之不救，豈徒逸樂憂苦之間哉？」（〈楊朱〉）

學者們多認爲〈楊朱〉篇主張在有利可圖的情況之下追求「名」，但是，由這段文字來看情況並非如此。由上下文來看，〈楊朱〉篇仍然贊同鬻子和老子的看法，主張「去名」或「重實輕名」；由前文所提出「安上不由於忠，而忠名滅焉；利物不由於義，而義名絕焉」的理想可以證明這一點。對〈楊朱〉篇而言，之所以接受「名」，是因爲在現實生活中「有名則尊榮，亡名則卑辱。尊榮則逸樂，卑辱則憂苦」；不管我們如何在精神上超越「名」的限制，在現實生活之中「名」仍舊限制著我們。而且，在現實之中，「命」是必然會存在的，這也是不能改變的事實。既然我們不可能脫離與「名」的關係，也只有接受「名」之現實了。因此，對〈楊朱〉篇而言，並不是因爲有利可圖而追求「名」，而是因爲我們不能不接受「名」限制我們的現實，因爲若有「名」可以得到尊榮，無「名」就會招致卑辱。就此而言，與其說是爲了求利而追求「名」，倒不如說是不得已只能求「名」。但〈楊朱〉篇仍然強調不可「守名而累實」，守名的目的在於保障現實生活，不可倒果爲因，反而因爲「名」而傷害現實生活。另外，由「憂苦，犯性者也；逸樂，順性者也。斯實之所係矣」的說法來看，顯然「實」是指現實生活中這些憂苦逸樂的內容而言，

由此亦可知〈楊朱〉篇所說之「實」並非只是指物質享受的歡樂之實而已。

由以上的討論，可知〈楊朱〉篇「爲我主義」的思想以及它對「名實」問題的看法，事實上都和〈楊朱〉篇「生死觀」、「享樂主義」的內涵相通；這也就是說，它們的思想內涵亦和〈力命〉篇相合而可以互爲補充。

第四節 小 結

在本章中，我們探討了《列子‧楊朱》篇中的主要思想，以確定〈楊朱〉與《列子》面對「命」的態度在思想內涵上有何種關係。我們發現，它們的思想並沒有相矛盾之處。由「死亡意識」到「享樂主義」，再到「爲我主義」和「名實」問題，〈楊朱〉篇的基本立場都和〈力命〉篇所提出的「命」理論一致。〈力命〉篇將「命」視爲自然而然、不知爲何如此而如此的現象，並強調人對這些現象的無可奈何；面對「命」，它提出了在精神上超越這些限制的想法。對〈楊朱〉篇而言，這些主張便是它立說的根據。「生死」是生命的自然限制，〈楊朱〉篇不但闡明了在〈力命〉篇中對「生死」問題隱而未顯的悲劇性態度，並進一步將〈力命〉篇所要求的精神自由延伸到社會限制的層面。而〈楊朱〉篇在「生死問題」中對生命現實的厭棄，和在「享樂主義」中對社會現實的激烈反抗，正顯示了〈力命〉篇所提出的精神超越，事實上不免是對現實的敵視和輕忽。在「爲我主義」和對「名實」的看法中，處處也都顯示出〈楊朱〉篇這種源自於〈力命〉篇，但更加激越的態度。由此看來，〈力命〉、〈楊朱〉兩篇的思想不但沒有矛盾，甚至還能互相補充。這便說明了這兩篇不只是在命定與自由的議題上不相矛盾，在其他思想內涵上也能相合。然則，觀察《列子》整個面對「命」的態度，可以發現這是一套相當悲觀的看法；它認爲人生到處充滿了限制與壓迫，我們唯一能做的便只有避免痛苦。這就說明了《列子》看待「命」的想法之本質：對《列子》而言，「命」就是這樣令人不能理解，卻又不得不接受的殘酷現實；對「命」的精神超越之追求，事實上即源自於這種避免痛苦的渴望。根本上，這是人面對他所無可奈何的一切所做的悲壯掙扎。

與運動、空間與天地之結構、以及物類變化與人之構成的看法之後，可以確定《列子》認為個別存在之間有因果關係存在。結果，我們不但確定了「自生自化」的目的論式解釋，也確定不生不化者僅僅在「使有限存在『全體』成為如此這般的有限存在」的意義下扮演根源的地位。同時，我們對《列子》的形上學思想系統也有了新的認識：「不生不化者」雖然扮演著根源的角色，但是它對個別存在似乎不起作用；《列子》用目的論解釋的方式看待個別存在之間的關係，但是它同時也承認因果關連的存在。

在對「自生自化」採取目的論式解釋的基礎上，我們對《列子》「命」概念的意涵進行探究。學者們多認為《列子》所說的「命」是一種「命定論」或「宿命論」。根據哲學字典的標準說明，這兩者主張過去、現在、未來的一切事件都是必然而固定不變的，對人而言，也可以說是預先決定的；唯一的差異在於「命定論」用「因果關係」來證實這一點，而「宿命論」則否。而對《列子》「命」概念解釋上的爭議也就在於《列子》是否主張此種「必然性」；因此，確認《列子》是否承認此「必然性」，亦即，是否主張「宿命論」，是必要的。《列子》中有一些「不得不」的說法，被認為是它主張此種「必然性」的證明。經過檢視，我們發現其中有一些是全稱的條件語句，其中的「不得不」只是其前件與後件的一種關係，而且和「宿命論」要求的那種事件的必然不同。另外有一些語句雖是特稱的，但是其中「不得不」的說法只是在強調事件不因人的意願而轉移；就算此「不得不」有「必然」的意味，這仍然只是條件語句中前件與後件的關係而已。這些都不足以證明《列子》主張一切事件都是必然的。進一步看，對於個別存在為何會有如此規定性，《列子》是以「自生自化」的理論來說明的；然而，不論是「自生自化」的目的論式解釋或機械論式解釋，都不蘊涵「一切事件都是必然的」這樣的想法，機械論式的解釋甚至還排斥「命定論」。這就表示，《列子》的主張根本就不是「命定論」或「宿命論」。那麼，《列子》所說的「命」到底是什麼？由兩種對「自生自化」的解釋來看，「命」都不可能是獨立於現象之外而宰制現象的獨立存在。但是，一方面，若將「命」解釋成「自生自化」，則不論我們對「自生自化」取何種解釋，都將會造成原文解釋上的矛盾；但若將「命」解釋成「現象」，也會造成「命」與「現象」的內涵無法區分的困難。由《列子》的原文看來，事實上它是以「自生自化」目的論解釋之內容為「命」的「內涵」，而以「現象」為「命」之「外延」的；也就是說，《列子》所說的「命」是指「一

切自然而然，沒什麼目的可言，不知爲何會如此的現象」。既然《列子》「命」概念的意涵是如此，而不是一種「命定論」或「宿命論」的思想；則我們所關心的「二義乖背」問題已經得到了解決：對《列子》而言，人確實擁有「自由」。《列子》的思想體系並未自相矛盾。

　　「命」是「自然而然，沒什麼目的可言，不知爲何會如此的現象」，但是《列子》似乎更在意「命」不隨人的主觀意願改變或轉移的事實。「命」人所無可奈何的殘酷現實和限制，我們對它無能爲力；但是我們可以在精神或心靈上超越這些限制，而得到精神上的自由。這是一種渴望從現實的壓迫中逃離的想法，因而不免帶有一種敵視現實的意味。在〈楊朱〉篇中這種思想更被發揮得淋漓盡致。在生死問題方面，〈力命〉篇已經特別強調生死亦是「命」，也是客觀的現實與限制，不知道爲何就是如此，人對此亦無可奈何。這是一種悲觀的看法。在此基礎上，〈楊朱〉篇更進一步指出：生命的內容令人痛苦；面對死亡與歷史的限制，人的生命更顯得渺小而無意義。〈楊朱〉篇對生死抱持較激越的態度，死亡是它急於逃脫的巨大陰影；這是〈力命〉篇對「命」之看法的悲劇性格的進一步發展。它對生命的現實抱持著厭離的態度，面對生命現實的種種殘酷限制，〈楊朱〉篇十分渴望能超越它們，達到一種精神上自由自在的境界；它並且認爲這種避免痛苦的努力是生命中唯一可以做的事。「享樂主義」便是這種對精神自由的渴望在社會現實方面的延伸。社會上的種種限制是人生的「重囚累梏」；如果說生死是自然的限制，這些「重囚累梏」便是人加給自己的社會的限制。我們應該使自己的心靈超越這些束縛，得到眞正的自由。「享樂主義」便是這樣一種對社會現實的激烈反抗主張，它眞正渴望的是一種不被束縛的自由和精神上的愉悅，不應該被理解爲只是主張縱慾享樂而已。從「享樂主義」本身的內涵來看，它也並不只是一種追求物質欲望之滿足的主張；相反地，由〈楊朱〉篇看來，它眞正重視的是精神與心靈上的快樂，而這正符合《列子》原來追求精神自由的態度。在「爲我主義」和對「名實」問題的看法方面，我們也可以看到〈楊朱〉篇對君臣結構和世俗名位等社會限制的強烈反抗，以及對自我精神的獨立滿足的重視。這些想法，顯示《列子》面對「命」的壓迫其實抱持著非常悲觀的態度；這些想超越現實的努力，事實上正是人面對他無法理解又無力改變的冷酷世界時，悲壯的掙扎。

　　通過以上的討論，我們可以發現《列子》整個關於「命」的思想，最後

歸結在想要超脫自然與社會現實之限制，追求一種精神上的自由與愉悅的渴望之上。這種掙扎與渴望在〈楊朱〉篇中得到完全的闡揚和發揮，但它其實在內涵上與《列子》書其他篇章中的思想也有關係；也許經由對《列子》這種面對「命」的態度之認知，可以幫助我們進一步認識這些思想的意義與內涵。以下是幾個可能繼續討論的領域：

首先，關於以〈黃帝〉、〈仲尼〉為主的體道工夫思想方面：這一向是《列子》書中最乏人問津的部分。然而，《列子》面對「命」的態度卻似乎與此有關：

> ……汝徒知樂天之命之無憂，未知樂天知命有憂之大也。今告若其實：修一身，任窮達，知去來之非我，亡變亂於心慮，爾之所謂樂天知命之無憂也。……夫樂而知者，非古人之所謂樂知也。無樂無知，是真樂真知；故無所不樂，無所不知，無所不憂，無所不為。……（〈仲尼〉）

此處對「命」的相關說明以及對「命」態度都與〈力命〉篇的說法一致；雖然此處又提出了「無樂無知，是真樂真知」的主張，但前面也提過，事實上，這種「無樂無知」的態度並未和《列子》面對「命」的方法矛盾。從理論上來看，〈力命〉篇是持此種看法的，但是實際上卻走向了〈楊朱〉篇激烈反抗現實的方向。值得注意的是，在此《列子》將這種「無樂無知」的超越態度提升到體道工夫的層次來討論：

> ……自吾之事夫子友若人也，三年之後，心不敢念是非，口不敢言利害，始得夫子一眄而已。五年之後，心庚念是非，口庚言利害，夫子始一解顏而笑。七年之後，從之所念，庚無是非，從口之所言，庚無利害，夫子始一引吾並席而坐。九年之後，橫心之所念，橫口之所言，亦不知我之是非利害歟，亦不知彼之是非利害歟；亦不知夫子之為我師，若人之為我友：內外盡矣，而後眼如耳，耳如鼻，鼻如口，無不同也。心凝形釋，骨肉都融；不覺形之所倚，足之所履，隨風東西，猶木葉幹殼，竟不知風乘我邪？我乘風乎？……（〈黃帝〉）

這是對列子本身修養工夫之過程的說明，又見於〈仲尼〉篇。事實上，此處所談的這種修養工夫，正是人應該如何面對「是非」這類「現實」的問題。我們可以發現，列子本人由「心不敢念是非，口不敢言利害」到「不知我之是非利害歟，亦不知彼之是非利害歟」，表現出一種自我對「是非」之超越態

度的昇進過程。列子在這個過程中由原來相當在意是非的態度，轉而開始不在乎是非，而後眞的能做到是非不縈於懷，最後達到連彼我之分都忘卻的境界。他是眞的得到了對現實的超越和精神上的自由：對他而言，不但眞的超越了是非，還達到了無所謂是非的「無樂無知」的境界。由上面這兩段文字來看，〈楊朱〉篇與〈黃帝〉、〈仲尼〉篇之間在對現實的超越態度上固然有不同，需要加以解釋，但另一方面，〈黃帝〉、〈仲尼〉的修養工夫的內涵顯然與《列子》「命」思想中對精神自由的渴望有關係。又：

> 龍叔謂文摯曰：「子之術微矣。吾有疾，子能已乎？」文摯曰：「唯命所聽。然先言子所病之證。」龍叔曰：「吾鄉譽不以爲榮，國毀不以爲辱；得而不喜，失而弗憂；視生如死，視富如貧，視人如豕，視吾如人；處吾之家，如逆旅之舍；觀吾之鄉，如戎蠻之國。凡此眾疾，爵賞不能勸，刑罰不能威，盛衰、利害不能易，哀樂不能移。固不可以事國君，交親友，御妻子，制僕隸。此奚疾哉？奚方能已之乎？」文摯乃命龍叔背明而立。文摯自後向明而望之。既而曰：「嘻！吾見子之心矣：方寸之地虛矣。幾聖人也！子心六孔流通，一孔不達。今以聖智爲疾者，或由此乎？非吾淺術所能已也。」（〈仲尼〉）

「貴虛」一向被認爲是《列子》學術的特質。由上文來看，龍叔之「虛」是在於他能夠不在乎毀譽、得失、生死、貧富、人我等等這些外在的現實限制，也不會被賞罰、利害等等這些現實條件所影響。而這不正是〈力命〉篇和〈楊朱〉篇所企求的「至人」的境界嗎？這就說明了《列子》「道術」的最高境界「貴虛」，與它對「命」的看法之間有著密切的關係。進一步看，《列子》雖然提出了一套體道修養的理論，卻沒有說明何以要從事如此的修養工夫；或許，經由對《列子》「命」思想的認識，可以爲此找到一個應然的理由。另外，相應於體道與修養的理論，在政治上《列子》也渴望「理想國」：

> 華胥氏之國：……其國無師長，自然而已。其民無嗜欲，自然而已。
> 不知樂生，不知惡死，故無夭殤；不知親己，不知疏物，故無愛憎。
> 不知背逆，不知向順，故無利害；都無所愛惜，都無所畏忌。……
> （〈黃帝〉）

〈湯問〉篇中的「終北之國」也是一個《列子》構築的理想國。這些理想國有一個共同的特質，即「無師長」或「不君不臣」（〈湯問〉）。這便讓人聯想

到〈楊朱〉篇中的「為我主義」和「無君思想」。我們知道「無君思想」是一種反抗社會現實的方式，本質上仍然是一種對精神自由的企慕；那麼，這些「理想國」是否也是出自相同的動機？這些都顯示《列子》「命」思想與其體道修養理論之間的關連，值得做進一步探究。

其次，關於〈說符〉篇的思想內涵方面：〈說符〉篇的思想同樣較少被學者們所注意，這或許是因為它以寓言為主體，又缺乏明確的統一主題之故。然而，由一些章節來看，它的思想內涵是和〈楊朱〉篇有關的：

> ……慎爾言，將有和之；慎爾行，將有隨之。是以聖人見出以知入，觀往以知來，此其所以先知之理也。（〈說符〉）
>
> 楊朱曰：「利出者實及，怨往者害來。發於此而應於外者唯請（情），[註1]是故賢者慎所出。」（〈說符〉）

這是〈說符〉篇提出來的處世方法，學者們或將它歸之於「持後」之說名下。這是一種「投隙抵時，應事無方」（〈說符〉）的處世技巧；然而，由上文看來，這種技巧本身就是一種避免禍患的技巧，所謂「先知之理」根本就是為了避禍的目的而設置的。它是一種教人如何在現實的險惡環境中尋求生存而不受傷害的方法。觀察〈說符〉篇中的寓言故事，其中有許多都可以用「如何避免禍患、保存生命」為主題來解讀，例如「子列子窮」、「狐丘丈人問孫叔敖」等章莫不如此。然則這似乎便可以用〈楊朱〉篇「自我保存」的「為我主義」思想來加以理解；而「自我保存」事實上也是〈楊朱〉篇希望精神自由，不陷溺於現實束縛的想法的延伸。對〈楊朱〉篇而言，生命是十分卑微的，人生所能做也不過就是避免痛苦而已；就此而言，採取這種避禍的技巧便不足為奇。另外，〈說符〉篇中還有一些與〈楊朱〉篇「名實」問題相關的章節，如「東方有人焉曰爰旌目」及「柱厲叔事莒敖公」兩章。這都說明了將〈說符〉篇的思想放在《列子》「命」思想的脈絡中來理解是可能的。

第三，關於〈天瑞〉篇的生死觀方面：〈天瑞〉篇是《列子》書中另一個對生死問題著墨甚多的篇章。有些學者認為〈天瑞〉篇和〈楊朱〉篇的「生死觀」是不同的，理由是：一方面〈天瑞〉篇主張「死之與生，一往一反。故死於是者，安知不生於彼」的「輪迴」思想，和〈楊朱〉篇認為人死後成空的「斷滅論」想法不同；一方面〈天瑞〉篇所標舉的面對生死的態度，是

〔註1〕據張湛《注》，「請」當作「情」；見楊伯峻：《列子集釋》（北京，中華書局，1996年），頁265。

一種「樂生樂死」的態度，和〈楊朱〉篇「樂生苦死」的觀念不同。然而，關於前者，其實經過對《列子》形上學思想的探究，我們知道〈天瑞〉篇本身便指出「精神入其門，骨骸反其根，我尚何存？」，它根本不認為人死之後仍然會有一個獨立且同一的「我」繼續存在；而且「萬物皆出於機，皆入於機」的物類變化，也只是「以形相禪」的變化而已，根本和佛家的「輪迴」思想無關。關於後者，其實莊萬壽、何叔貞已經指出，〈天瑞〉篇中林類、榮啟期面對「生死」的態度並不是一種能夠真正達觀的態度；像「榮啟期的三樂，一言以蔽之，一個九十多歲老人苟延殘喘的目的，只是求做個長命的男人而已」；「他們的安與樂，並不是一種圓滿自足，而只是令人覺得輕妙懶散」，根本上《列子》只是在強調保全性命的重要性而已。〔註2〕生命對〈天瑞〉篇而言其實是十分卑微而脆弱的。然而，〈天瑞〉和〈楊朱〉的「生死觀」之間不但沒有不可跨越的鴻溝，在這種悲觀的態度以及強調「自我保存」方面還十分相似。然則我們基於《列子》「命」思想而對〈楊朱〉篇「生死觀」所做的詮釋，也許不但可以幫助我們理解〈天瑞〉篇「生死觀」的內涵，還能使我們理解它立說背後的心理因素。

另外，〈湯問〉篇同樣以寓言為主，其意旨不容易掌握。嚴北溟、嚴捷認為本篇的宗旨在於打破人們認識上的一孔之見。〔註3〕如果這種認識上的限制也是社會現實所加給我們的束縛，則這種打破現實限制的主張也可以和《列子》的「命」思想合觀。

可以發現，以上這些問題或多或少都和《列子》所提出來的面對「命」的態度有關，尤其是和〈楊朱〉篇所闡揚的思想關係更是密切。這不但可以幫助我們對《列子》這些思想的內涵作更進一步的認識，更可能因此使我們理解《列子》主張這些思想的理由和動機。我想，這可以說明我們的努力並不是沒有價值的。

最後，來談談筆者對本文中所討論的《列子》思想之看法。

關於《列子》的形上學思想，可以發現，其實這是一套十分特別的體系。《列子》指出了一個與一切有限存在都不相同的無限存在——不生不化者，但是它僅僅在「使有限存在『全體』成為如此這般的有限存在」的意義下扮

〔註2〕 莊萬壽：《新譯列子讀本》（臺北，三民書局，民國85年），頁44；何淑貞：《走出頹廢的列子》（臺北，尚友出版社，民國70年），頁28～32。
〔註3〕 嚴北溟、嚴捷：《列子譯注》（臺北，書林出版有限公司，民國84年），頁114。

演根源的地位而已。既然《列子》認爲時間無限的，宇宙事實上也無始無終，個別存在之間又有因果關係來連繫，則不生不化者似乎便沒有什麼實際的作用。彷彿它僅僅是虛懸在那裡而已。而這種不生不化者與生化者的區分，與《列子》書中的其他思想之間似乎也沒有明顯的關係。或許這是因爲在《列子》的成書中曾經丟失了部分相關資料的緣故。另一方面，《列子》承認個別存在之間有因果關係存在，但是它也用「自生自化」這種目的論式的方式來說明個別存在的種種現象；這種同時使用機械論與目的論的方式來對世界進行說明的作法也很特殊。整體來看，如果《列子》的系統確是如此，這便是一種在思想史上十分罕見的形上學體系。

在《列子》「命」概念的內涵方面，它不主張「命定論」或「宿命論」，它只是強調「命」是一些人所無能爲力的客觀限制。其實，從此一理論對現實的看法來說，它和一般常識相距並不太遠；常識認爲人是有自由的，也承認有許多事我們無法理解其目的或意義；承認人的存在與能力有一定的限制，也承認有許多事不因人的主觀意願而轉移。但是對《列子》而言，這些「限制」或「現實」便有著極爲不同的重要意義。事實上，《列子》主觀地將這些「限制」或「現實」當成了巨大的壓迫和痛苦；正因爲如此，所以它才如此渴望能在精神上超越這些「限制」或「現實」。事實上，根據《列子》，人是有實際的自由的，雖然只是有限制的自由；但是它不以此爲滿足，而想要超越這些人事實上不可能超越的限制。對我們一般人而言，雖然也受著現實的限制，但卻不曾感到到自己被限制，甚至壓迫；如此說來，《列子》對「命」抱持這樣悲觀的態度，不免是對現實的限制過度地在乎的結果。

因爲對「命」過度地在乎，因此它用敵視與反抗的方式來面對「命」之限制，這便是〈楊朱〉篇所表現的態度。事實上，正如前面的討論中一再顯示的，這是一種十分悲觀的態度。對《列子》而言，不但自然生命限制著我們，社會的限制也束縛著我們；在這些壓迫之下，我們得不到心靈上的自主與寧靜。它將人生的意義與對快樂的追求等同起來，認爲人生唯一應該做的事便是追求快樂；但是細察它所希望的快樂的內涵，便會發現，這種快樂，僅僅是一種可以避免痛苦，可以不被外在事物打擾的平靜而已。這是多麼卑微的快樂！如果我們能體認到這種隱藏在縱慾享樂的面具之後深深的悲哀，或許我們就能對《列子》整個「命」的思想有更多同情的理解。

參考書目

一、專　著

1. 《漢書》，臺北，鼎文書局，民國 66 年。
2. 《晉書》，臺北，鼎文書局，民國 65 年。
3. 楊伯峻：《列子集釋》（北京，中華書局，1996 年）。
4. 嚴北溟、嚴捷：《列子譯注》（臺北，書林出版有限公司，民國 84 年）。
5. 蕭登福：《列子古注今譯》（臺北，文津出版社，民國 79 年）。
6. 莊萬壽：《新譯列子讀本》（臺北，三民書局，民國 85 年）。
7. 王強模：《列子》（臺北，黎光出版公司，民國 85 年）。
8. 嚴靈峰編輯：《無求備齋列子集成》（臺北，藝文印書館，民國 60 年）。
9. 張湛《列子注》。
10. 盧重玄：《列子解》。（以上二種見楊伯峻：《列子集釋》〔北京，中華書局，1996 年〕）
11. 宋徽宗：《沖虛至德眞經義解》。
12. 范致虛《列子解》。
13. 江遹：《沖虛至德眞經解》。
14. 林希逸：《沖虛至德眞經鬳齋口義》（以上四種見蕭登福：《列子古注今譯》〔臺北，文津出版社，民國 79 年〕）。
15. 嚴靈峰：《列子辯誣及其中心思想》（臺北，文史哲出版社，民國 83 年）。
16. 周紹賢：《列子要義》（臺北，臺灣中華書局，民國 72 年）。
17. 蕭登福：《列子探微》（臺北，文津出版社，民國 79 年）。
18. 何淑貞：《走出頹廢的列子》（臺北，尚友出版社，民國 70 年）。
19. 馮友蘭：《中國哲學史》（臺北，藍燈文化事業股份有限公司，民國 78 年）。

20. 任繼愈主編：《中國哲學史》（北京，人民出版社，1996 年）。

21. 任繼愈主編：《中國哲學發展史（魏晉南北朝）》（北京，人民出版社，1988 年）。

22. 許抗生等著：《魏晉玄學史》（西安，陝西師範大學出版社，1989 年）。

23. 許抗生：《三國兩晉玄佛道簡論》（濟南，齊魯書社，1991 年）。

24. 湯一介：《郭象與魏晉玄學》（臺北，谷風出版社，年代不詳）。

25. 羅素（B. Russell）著，黃燕德校訂：《西洋哲學史》（臺北，遠景出版事業公司，民國 71 年）。

26. Ted Honderich （ed.） The Oxford Companion To Philosophy （Oxford & New York, Oxford University Press, 1995）

27. 張心澂編著：《偽書通考》（臺北，明倫出版社，民國 59 年）。

28. 梁啓超：《中國歷史研究法》（臺北，臺灣商務印書館，民國 70 年）。

29. 李學勤：《簡帛佚籍與學術史》（臺北，時報文化出版企業有限公司，1994 年）。

二、期刊論文

（一）考證方面〔註1〕

1. 嚴靈峰：〈辨列子書不後於莊子書〉，《大陸雜誌》第 18 卷第 11 期～12 期（民國 48 年 6 月；收《列子辯誣及其中心思想》〔臺北，文史哲出版社，民國 83 年〕附錄）。

2. 陳玉台：〈列子一書之真偽及其思想考述〉，《學粹》第 16 卷第 1 期（民國 62 年 2 月）。

3. 莊萬壽：〈先秦的列子〉，《學粹》16 卷 1 期，（民國 63 年 3 月）。

4. 嚴靈峰：〈老列莊三書中被廣泛誤解的幾個問題〉，《東方雜誌》復刊第 15 卷 6 期，（民國 69 年 12 月）。

5. 胡昌五：〈朱熹認爲佛書剽掠《列子》——《列子》"辨偽文字輯略" 匡正之一〉，《大陸雜誌》第 90 卷第 5 期（民國 84 年 5 月）。

6. 馬達：〈劉向《列子敘錄》非偽作——馬敘倫《列子偽書考》匡正之一〉，《大陸雜誌》第 94 卷第 4 期（民國 86 年 4 月）。

7. 陳連慶：〈列子與佛經的因襲關係〉，《社會科學戰線》1981 第 1 期。

8. 羅漫：〈《列子》不偽和當代辨偽學的新思維〉，《貴州社會科學》1989 第 2 期。

〔註 1〕關於考證方面所引用之論文資料，多數收於楊伯峻：《列子集釋》、嚴靈峰編輯：《無求備齋列子集成》、張心澂：《偽書通考》等書之中，此處不一一具引。細目請參考第一章注釋 7～10。

9. 許抗生：〈《列子》考辨〉，《道家文化研究》第 1 輯，（上海，上海古籍出版社，1992 年）。

10. 陳鼓應：〈論《老子》晚出說在考證方法上常見的謬誤——兼論《列子》非偽書〉，《道家文化研究》第 4 輯，（上海，上海古籍出版社，1994 年 3 月）。

11. 胡家聰：〈從劉向的敘錄看《列子》並非偽書〉，《道家文化研究》第 6 輯，（上海，上海古籍出版社，1995 年）。

12. 陳廣忠：〈爲張湛辨証——《列子》非偽書考之一〉，《道家文化研究》第 10 輯，（上海，上海古籍出版社，1996 年 8 月）。

13. 陳廣忠：〈《列子》三辨——《列子》非偽書考之二〉，《道家文化研究》第 10 輯，（上海，上海古籍出版社，1996 年 8 月）。

14. 陳廣忠：〈從古詞語看《列子》非偽——《列子》非偽書考之三〉，《道家文化研究》第 10 輯，（上海，上海古籍出版社，1996 年 8 月）。

15. 季羨林：〈列子與佛典〉，收《中印文化關係史論·中外佛教交通史料匯編》（臺北彌勒出版社，民國 73 年）。

16. 嚴靈峰：〈「列子章句新編」解惑〉（收《列子辯証及其中心思想》〔臺北，文史哲出版社，民國 83 年〕附錄）。

（二）思想概論方面

1. 杜而未：〈列子的幾點意思〉，《恆毅》第 8 卷第 10 期（民國 48 年 5 月）。

2. 吳康：〈列子學述〉，《中華文化復興月刊》第 1 卷第 8 期（民國 57 年 11 月）。

3. 周世輔：〈略論列子書中的哲學思想〉，《中國憲政》第 4 卷第 1 期（民國 58 年 1 月）。

4. 趙雅博：〈列子的思想〉，《華學月刊》第 140 期（民國 72 年 8 月）。

5. 楊汝舟：〈列子神秘思想之意旨（一）～（六）〉，《中華易學》第 4 卷第 6 期～第 9 期、第 10 期～第 12 期（民國 72 年 8 月～73 年 2 月），

6. 陳宗賢：〈列子思想概述〉，《高雄工商專學報》第 23 期（民國 82 年 12 月）。

7. 牟鍾鑒：〈對《列子》的再考辨與再評價〉，《文史哲》1985 年第 6 期。

8. 辛冠潔：〈《列子》評述〉，《中國哲學史研究》1986 年 3 期。

9. 辛冠潔：〈《列子》評述（續）〉，《中國哲學史研究》1986 年第 4 期。

（三）形上學、宇宙論思想方面

1. 莊萬壽：〈列子的形上學〉，《文史季刊》第 3 卷第一期（民國 61 年 11 月）。

2. 譚家健、李淑琴：〈《列子》的宇宙理論〉，《遼寧大學學報》1978 年第 4

期。

3. 楊伯峻：〈《列子》宇宙論的科學因素〉，《求索》1982 年第 2 期。

（四）〈楊朱〉篇思想、人生哲學方面

1. 莊萬壽：〈列子楊朱篇的思想〉，《師大國文學報》第 3 期（民國 63 年 6 月），P.158。

2. 蔡維民：〈《列子‧楊朱》思想結構初探〉，《哲學與文化》第 19 卷第 12 期，（民國 81 年 12 月）。

3. 錢耕森、李季林：〈論列子「貴虛」的人生哲學〉，《孔孟月刊》第 33 卷第 7 期（民國 84 年 3 月）。

4. 李增：〈《列子、天瑞、楊朱篇》人生哲學比較研究〉，《國立政治大學哲學學報》第 1 期（民國 83 年 5 月）。

5. 李增：〈列子天瑞、楊朱篇生死觀比較研究〉，《哲學年刊》第 10 期（民國 83 年 6 月）。

6. 鄭基良：〈列子生死學研究〉，《空大人文學報》第 4 期（民國 84 年 1 月）。

7. 李季林：〈論《列子》的有無、名教自然觀〉，《孔孟月刊》第 35 卷第 10 期（民國 86 年 6 月）。

8. 舒芹：〈《列子‧楊朱篇》享樂主義倫理學說批判〉，《華東師大學報（社會科學）》1965 年第 2 期。

9. 鄭曉江：〈《列子‧楊朱篇》人生哲學探微〉，《江西大學學報（哲學社會科學版）》1988 年第 3 期。

（五）其他方面

1. 莊萬壽：〈莊列子「種有幾」章的新解〉，《大陸雜誌》第 59 卷第 2 期（民國 68 年 8 月）。

2. 莊萬壽：〈列子新證——列子與黃老學派思想的關係〉，《師大學報》第 30 期，（民國 74 年 6 月）。

3. 林師麗真：〈《列子》研究之動向〉，「第三屆魏晉南北朝文學與思想學術研討會」發表論文。